新媒体写作与编辑技巧

杨 越◎著

吉林出版集团股份有限公司
全国百佳图书出版单位

图书在版编目(CIP)数据

新媒体写作与编辑技巧 / 杨越著. -- 长春：吉林出版集团股份有限公司,2021.12
ISBN 978-7-5731-1055-8

Ⅰ.①新… Ⅱ.①杨… Ⅲ.①新闻写作②新闻编辑 Ⅳ.①G212.2②G213

中国版本图书馆 CIP 数据核字(2021)第 274703 号

XINMEITI XIEZUO YU BIANJI JIQIAO

新媒体写作与编辑技巧

著　　者	杨　越
责任编辑	冯　雪
装帧设计	中图时代

出　　版	吉林出版集团股份有限公司
发　　行	吉林出版集团社科图书有限公司
地　　址	吉林省长春市福祉大路 5788 号　邮政编码：130118
印　　刷	三河市嵩川印刷有限公司
电　　话	0431－81629711(总编办)
抖 音 号	吉林出版集团社科图书有限公司　37009026326
开　　本	710 mm×1000 mm　1/16
印　　张	12.5
字　　数	200 千字
版　　次	2023 年 4 月第 1 版
印　　次	2023 年 4 月第 1 次印刷
书　　号	ISBN 978-7-5731-1055-8
定　　价	58.00 元

如有印装质量问题，请与市场营销中心联系调换。0431－81629729

目 录

第一章 新媒体写作概论 …………………………………………… 1
  第一节 新媒体的概念 …………………………………………… 1
  第二节 新媒体写作 ……………………………………………… 4

第二章 新媒体新闻写作 …………………………………………… 10
  第一节 新媒体新闻概述 ………………………………………… 10
  第二节 新媒体新闻写作 ………………………………………… 22

第三章 新媒体微纪录片的写作 …………………………………… 26
  第一节 新媒体微纪录片概述 …………………………………… 26
  第二节 新媒体微纪录片脚本写作 ……………………………… 31

第四章 新媒体微电影写作 ………………………………………… 37
  第一节 新媒体微电影概述 ……………………………………… 37
  第二节 新媒体微电影剧本写作 ………………………………… 41

第五章 新媒体短视频写作 ………………………………………… 47
  第一节 新媒体短视频概述 ……………………………………… 47
  第二节 新媒体短视频脚本写作 ………………………………… 48

第六章 新媒体微文学与文本写作 ………………………………… 50
  第一节 新媒体微文学概述 ……………………………………… 50
  第二节 新媒体微文学文本写作 ………………………………… 51

第七章 自媒体平台与文本写作 ··· 59
第一节 自媒体概述 ·· 59
第二节 自媒体文本写作 ·· 66

第八章 新媒体编辑概述 ··· 75
第一节 新媒体编辑工作 ·· 75
第二节 新媒体编辑应具备的素质 ··································· 82

第九章 新媒体报道内容选择 ··· 89
第一节 新媒体新闻稿件的来源 ····································· 89
第二节 新媒体选稿流程与方法 ····································· 92
第三节 稿件选择的依据 ·· 94
第四节 选稿注意事项 ··· 98

第十章 新媒体文字编辑加工技巧 ······································ 101
第一节 修改文字稿件的步骤 ······································· 101
第二节 新闻稿件报道事实的核实 ································· 105
第三节 政治性、政策性和思想性差错的订正 ················· 109
第四节 文字规范差错订正 ·· 110
第五节 修改稿件的方法 ··· 116

第十一章 新媒体新闻标题制作 ··· 124
第一节 新媒体新闻标题制作特点 ································· 124
第二节 新媒体新闻标题编辑的原则 ······························ 127
第三节 新媒体新闻标题编辑步骤 ································· 128
第四节 新媒体新闻标题制作方法 ································· 132

第十二章 新媒体图片编辑 ··· 138
第一节 图片新闻的特点及种类 ···································· 138

第二节　新媒体图片来源 …………………………………………… 143

第三节　图片新闻的选择 …………………………………………… 148

第四节　新媒体图片的编辑制作 …………………………………… 151

第五节　新媒体图片新闻的展现 …………………………………… 155

第六节　新媒体图片编辑的失范与规范 …………………………… 156

第十三章　新媒体音视频编辑 …………………………………………… 160

第一节　声音与新闻报道 …………………………………………… 160

第二节　音频新闻的采制与编辑 …………………………………… 165

第三节　视频新闻概述 ……………………………………………… 170

第四节　视频新闻的摄制与编辑 …………………………………… 172

第五节　短视频 ……………………………………………………… 178

第六节　VR技术在视频新闻制作中的运用 ……………………… 181

第十四章　新媒体报道内容整合 ………………………………………… 187

第一节　新媒体新闻整合特征和类型 ……………………………… 187

第二节　新媒体编辑的新闻整合技巧 ……………………………… 191

参考文献 ……………………………………………………………………… 194

第一章 新媒体写作概论

第一节 新媒体的概念

一、新媒体概念

新媒体又称为数字化新媒体,是继传统媒体(报纸、期刊、广播、电视、户外等)之后,发展起来的新的媒体形态。它包括网络媒体、移动媒体、数字电视等。

"新媒体"一词,是由美国哥伦比亚广播电视网(CBS)技术研究所所长戈尔德马克(Goldmark)于1967年最先提出的。

对于"新媒体"的准确概念,目前学界尚无定论。通常来说,它是指利用数字技术、网络技术,通过互联网、宽带局域网、无线通信网、卫星等渠道,以及电脑、手机、数字电视机等终端,向受众传递资讯的一种新兴传播形态。

二、新媒体形态

新媒体形态包括:数字报纸、数字杂志、数字广播、数字电视、数字电影、移动电视、手机短信、网络、桌面视窗、触摸媒体等。

(一)数字报纸

数字报纸也叫数字报,是报纸采、编、发一体化的解决方案平台软件。转换处理工具软件可以排版成各种格式的文件包,以满足受众对不同格式数字报纸的需求。传统的纸质报纸,只能提供当天报纸上刊载的内容;而数字报纸则可以提供整个报纸的全貌,以及过往日期的报纸内容。

(二)数字杂志

数字杂志是一种图文、数据、音频、视频综合运用的电子出版形态。它制作精美、内容集萃、书刊效果逼真,页面翻动时会有"唰唰"声;点击书中人物还会说话,伴有美妙的背景音乐和精彩的视频影像,给人以非常特别的阅读感受。

(三)数字广播

数字广播是指将数字化的音频信号、视频信号等各种数据信号,在数字状态下进行各种编码、调制、传递等处理,通过地面发射站,以发射数字信号来达到广播以及数据资讯传输目的。受众可以通过手机、电脑、便携式接收终端、车载接收终端等接收装置收听资讯。

(四)数字电视

数字电视又叫数码电视,是指从演播室制作到发射、传输、接收的所有环节都是使用数字电视信号来传播的电视类型。与模拟电视相比,数字电视具有图像质量高、节目容量大、伴音效果好的优势。

(五)数字电影

数字电影是指在电影的拍摄、后期制作、发行、放映等环节,部分或全部以数字处理技术代替传统的光学、化学或物理处理技术,用数字化介质代替胶片的电影。

(六)移动电视

移动电视是指采用数字广播技术(主要指地面传输技术)播出,接收终端包括地铁、高铁、公交车、出租车、商务车和其他公共场所的电视系统,以及手机、平板电脑、便携式媒体播放器等手持接收设备,以满足移动人群收视需求的一种技术或应用。

(七)网络

网络是由节点和连线构成的,表示诸多对象及其相互之间的联系。在计算机领域中,网络是信息传输、接收、共享的虚拟平台,通过它把各个点、面、体的信息联系到一起,从而实现这些资源的共享。

(八)手机短信

手机短信就是通过手机或其他电信终端发送或接收文字、图片或数字信息的传播形式。它分为两种:一种是限制一定字符的文字信息;另一种是彩信,彩信能支持多媒体功能,传递功能全面的内容和信息。

(九)桌面视窗

桌面视窗就是一个任务的操作显示界面,是一个工作区,在这个区域内,所有应用程序或文档都有自己的窗口,由标题栏、菜单栏、工具栏、地址栏、状态栏、浏览区域等组成。

(十)触摸媒体

触摸媒体是一种由无线通信模块和触摸技术相结合的新型媒体平台,通过定期更新信息与资讯,通过与受众触摸互动的体验方式进行传播的一种媒体形态。

新媒体的兴起,使传统媒体日渐式微。视频影像的日益普及,使传统纸媒逐渐衰落。所以,青灯黄卷的阅读情怀,会变得越来越遥远和稀罕了。

如此看来,是不是意味着新媒体将逐渐取代传统媒体呢?其实不然。因为,无论是新媒体还是传统媒体,都各有各的优势及其不可替代的存在价值。譬如:纸质报刊,人们无须借助任何电子设备就可以阅读;广播,听众可以一边工作一边收听广播资讯;电视,画面较之于手机、电脑等设备的画面更宽大,有固定的收看场地(无须手持),操作起来比电脑等设备更简单,老幼皆宜。

这是个跨媒体融合的时代，面对发展迅猛的新媒体，传统媒体的竞争意识被激发出来，传统媒体充分利用自身的资源，借助新媒体的传播优势，融合共赢，挖掘潜能，开拓市场，提升品牌价值。

第二节　新媒体写作

新媒体写作是在当今传统媒体逐渐衰落、新媒体迅速普及和广泛应用的形势下，应运而生的一门全新的学科。

一、新媒体写作的概念

新媒体写作是以新兴媒体为载体的写作活动，即在网络媒体、移动媒体、户外虚拟平台上进行的互动式写作行为。

当今时代，自媒体写作是最为普及的一种大众化的新媒体写作活动。

自媒体亦称"公民媒体""个人媒体"，是指私人化、平民化、普泛化、自主化的传播者，以现代化、电子化的手段，向不特定的大多数或者特定的个人传递规范性及非规范性信息的新媒体的总称。

博客是自媒体最初的一种形态。2003年，博客在互联网上出现，迅速风靡世界。这种任何人都可以便捷地在互联网上申请、注册，随时可以发布文字、图片、视频等资讯的社交应用平台，一时间让人们趋之若鹜。随着自媒体的传播影响力大、传播速度快、覆盖范围广等优势的日益显现，自媒体渐渐地成为推动政府加强信息公开透明度的网络问政平台，以及各种互动营销的工具。

自媒体平台包括：博客、微博、微信、百度官方贴吧、论坛、BBS等网络社区。它是公民用来发布自己亲眼所见、亲耳所闻的各种事件的载体。

自媒体时代，人们不仅仅接受"主流媒体""统一的声音"，还可以通过自媒体了解各种不同的声音,从来自普通大众主导的信息传播中获得独立的资讯,从而对事物做出个性化的判断。

新媒体写作较之传统媒体写作最大的区别在于写作载体的不同,新媒体写作的载体是网络媒体、移动媒体、户外虚拟平台等新兴媒体,而不再像传统媒体写作那样,最终体现在某一日、某一期纸质报刊的版面上,或某个具体的广播、电视节目内容上。

二、新媒体写作的特点

与传统媒体写作相比,新媒体写作具有单一性、便捷性、灵活性、精短性、节资性、多元性、扩散性、互动性、平民性、包容性十大特性,这也是新媒体写作的优势。

(一)单一性

我国传统媒体都实行"三审制"。以报纸为例,一般来说,记者采写的稿件发表在报纸上,要经过三次审核:责任编辑(编审、副编审、编辑、助理编辑皆可)对稿件进行一审(初审),编辑部主任(副主任、社领导委托的编审、副编审)进行二审(复审),社长(总编辑、社领导委托的编审、副编审)进行三审(终审)之后,再对其进行排版、印刷、发行。经过这一系列的程序,记者的稿件才能在报纸上刊登出来。

(二)便捷性

新媒体写作的便捷性,是传统媒体无法比拟的优势。以电视新闻节目为例,电视记者将采写的文字和拍摄的视频素材交给新闻部,由主任(副主任)编辑审核,这是一审;新闻部又将审核修改后的稿件交给电视台分管新闻的领导审稿,这是二审;分管领导审核后,再将稿件转给制作部进行后期制作;剪辑、配音等后期制作完成后,再由电视台值班编委审片并签字,这是三审;制作部将值班编委审查签发的完成片(节目成品)上传到播出部;播出部最后将成品节目排单播出。一条传统电视新闻的播出,必须经过这些编审制作过程。

(三) 灵活性

传统媒体写作会受到发布时效和发稿时段的限制,成稿的时间必须在媒体规定的截稿时间之内。否则,必须推辞到第二天刊登或播出;或者因新闻时效原因,不再刊播此稿件。

而新媒体写作就不存在发布时效和发稿时段的限制,网络媒体24小时滚动播出,手机等自媒体可以每时每刻、随时随地向自媒体平台发送信息。

(四) 精短性

新媒体写作讲究短平快,文稿必须精短,言辞提倡平实,传播要求快速。新媒体鲜有洋洋千言的新闻稿。新媒体文稿的标题力求精彩易懂,突出要点,切忌繁文缛节和生僻辞藻。

(五) 节约资源性

新媒体写作对资源的节省,是所有传统媒体无法企及的。它不需要像报纸、电视那样派出记者深入新闻现场采访,不需要经过"三审三校"编审流程,也不用经过印刷、运输、发行、销售报纸等环节。

新媒体写作者只需将自己所见所闻的图文、音频、视频等信息,经过简单的编辑或剪辑,发布在自媒体平台上;或者编辑转发传统媒体发布的最新的新闻稿件。新媒体往往"编多采少";而传统媒体恰恰相反,它以采访(原创)为主,绝大部分新闻稿件是派出记者采写回来的。这样辛苦采写回来的稿件(甚至是独家稿)在报纸上刊出或在电视上播出,自媒体甚至门户网站不费分文纷纷转载,所以,传统媒体日渐难以为继。

(六) 多元性

新媒体写作不像传统媒体写作,有着固定的栏目、版块,在篇幅上有规定数量的文字、图片(或视频、音频时长);内容上也不像传统媒体写作,必须遵循不同媒体各自不同的风格来进行写作。新媒体写作可以不拘泥于篇幅和风格,内容上可以包罗万象,以满足受众多元化的需求。因为传统媒体是媒体主导受众,而新媒体则是受众选择媒体,受众有更多选择空间。这就决定了新媒体写作必须呈现个性化,内容至上。

(七)扩散性

传统媒体写作,作品发表或播出之后,由于媒体周期性推出新的作品(节目),很快会淡出人们的视线。比如日报,其"生命力"只有一天,第二天就会被新出的报纸所代替;而新媒体写作,作品发表之后却会在一定的受众群体间不断扩散传阅,它不像传统媒体那样因某种媒体发行或播出区域限制而使传播范围受到局限。

(八)互动性

新媒体写作的互动性,是传统媒体无法比拟的。作者所写作品在新媒体上发表之后,受众群体可以与作者产生互动,可以就作品发表自己的观点和建议,各抒己见;作者可以根据受众对作品指出的某些缺失或不足,加以修改,不断优化,使之渐趋完善。

(九)平民性

新媒体写作已经成为全民性的集体表达活动。无论是社会精英还是"草根"百姓,都可以通过自媒体来传播自己的所见所闻,表达自己的所想所思,传递自己的三观境界,编织自己的人脉网络。

(十)包容性

传统媒体对新闻记者、编辑的专业知识和学历要求都比较严,通常需要具备大学新闻传播、中文等相关专业的学历。而新媒体写作就没有这些限制,不管你的学历是小学还是大学,你只要在网上注册一个博客,就可以拥有自己的"报纸、广播和电视"(播客);你既是这些媒体的记者、编辑,又是这些媒体的总编、社长(台长),随时都可以在自己的媒体上与他人进行分享。

三、新媒体写作的缺陷

任何事物都是利弊相倚的。新媒体写作因无准入门槛,写作者的文化水平、专业素质、道德境界、法律意识等条件参差不齐,自然会存在许多缺陷和不足。

(一)粗制滥造

新媒体写作者素质良莠混杂,直接体现在写作文本中,普遍存在粗制滥造现象,语句不通、错别字、语法、修辞、逻辑问题比比皆是,不能准确地运用语言文字来表达文本内容和主题思想。新媒体写作的整体水准和质量远远不及传统媒体写作。

(二)虚假信息

由于新媒体写作者可以自由地主宰自己的媒体,随心所欲地发布自己想要发布的信息,所以新媒体写作的信息自然存在可信度、真实性和公信力差的问题。有些写作者缘于主观或外界客观因素(利益诱惑等)的影响,加上网络的隐匿性,在无须经过他人审核的情况下,无视公序良俗和法律法规发布虚假信息,甚至发布诬陷、毁谤他人的信息,从而误导受众、混淆视听。

(三)潜在隐患

鉴于新媒体写作中虚假信息的传播现象,一些仇视社会、唯恐天下不乱者,通过微博、微信等自媒体平台发布谣言,从而可能引发骚乱,给国家和社会带来危害。所以,在自媒体平台飞速发展的今天,加大对新媒体传播的监管力度是我国有关部门的当务之急。

(四)用语晦涩

新媒体写作者为了迎合网民口味,体现网络写作风格,增加自媒体平台的人气和互动性,往往会生造一些晦涩生僻的网络用语,比如"囧""人艰不拆""虾米"等在网文中时有出现。这些网络流行用语对于大众来说,少有人能真正理解和体会其中含义。

第二章　新媒体新闻写作

第一节　新媒体新闻概述

一、新闻概要

(一)新闻的概念

新闻,是经过新闻媒介传播的、为大众所关心的、新近发生的有价值的事实信息。

(二)新闻的定义

一是指媒体新近发生(已经发生和正在发生)的事实的报道。

二是各类新闻文体(消息、通讯、新闻特写、新闻公报、调查报告、专访等)的总称。

三是专指消息这种新闻体裁。

(三)新闻的基本特征

新闻具有真实性、及时性和公开性三个最基本的特征。

(四)新闻的六要素

新闻是一种以叙事为主的记叙性的文体,其基本要素和语文中的记叙文的六要素相同。新闻教科书中常常将其概括为"人物、时间、地点、事件、原因、结果",

这是新闻的六大要素。用一句话概括就是:某人某时在某地因某种原因做了某事导致了某种结果。

二、新闻的结构

新闻的结构就是新闻文体的组合形式。新闻由标题、导语、主体、背景、结语五大部分构成。

(一)新闻的结构要素

1. 导语

导语是新闻正文的开头部分,它用简明扼要的语句彰显新闻价值,道出新闻事实的非凡特点和重要性,从而引起受众的阅读兴趣。

新闻导语的两种形式——"开门见山式"和"引人入胜式"。

"开门见山式"导语,通常将新闻的六要素"人物、时间、地点、事件、原因、结果"囊括进去,让人一目了然。这是最常见的一种导语表现形式。这类导语内容朴实、言辞精练,鲜有感情色彩,一直被新闻行业人士奉为典范。但其局限性也显而易见,这类新闻文本缺乏文采,读起来枯燥乏味,给人以千篇一律的感觉。

"引人入胜式"导语,在表现手法上相对灵活多变,可以采用悬念式、说明式、反问式、抒情式、隐喻式、描述式、引语式等多种散文化的表现方式。它可以撷取新闻事件中最有关注度的闪光点,用诗意化的语言进行描述,以吸引受众的眼球。

2. 主体

主体用于承接导语,它是更为详尽、充实地叙述事实的新闻主干部分。

它对新闻事实展开充分的描述,阐述导语中所揭示的主题,对导语中涉及的问题进行释疑解惑,以满足受众对新闻事件的了解欲。

新闻主体的三个要点:

(1)中心突出。主体要对导语中提出的问题,用具体、充分的事实来进行详尽的回答,紧扣中心,突出主题,增强说服力。

(2)内容充实。主体是新闻的躯干,要用事例典型、内容充实、中心突出的材料来支撑这个"躯干"。对素材要去粗取精、去伪存真地选用。

(3)层次井然。主体部分要结构严谨、层次分明地展开叙述。常用的三种叙述顺序:一是时间顺序,按事情的发生、发展、结束的先后顺序进行叙述;二是逻辑顺序,根据事物的内在联系和规律进行叙述;三是时间顺序和逻辑顺序相结合,根据事件发展的时间先后顺序,结合事物内在的规律进行叙述。

3. 背景

新闻背景是新闻事实的存在和发展的历史条件和环境条件。历史条件指事实自身的历史状况;环境条件指事实与周围事物的联系。新闻背景又称为"新闻背后的新闻"。

新闻背景对新闻事实有着诠释、补充、衬托的意义。主要有以下四个方面的意义:一是诠释新闻事实中的疑问,有利于受众了解新闻事实的来龙去脉,认识事实的真相;二是有助于受众理解新闻事实的意义;三是记者表达个人的观点,以期与受众产生共鸣和互动;四是使新闻主题深化、内容丰富,增强可读性和知识性。

4. 结语

结语就是新闻事实的最后部分,也是新闻采写和受众握手言别的文字。有别于其他文体结尾的是,新闻的结语依附于事实,无须发表议论和抒情。好新闻往往是内容与形式的完美结合。好的结语可以使新闻画龙点睛、主题升华,令人掩卷长思、余韵绕梁。

结语通常有以下几种形式:

(1)引语式。选取文中能够体现报道价值取向的一句引语作为新闻的结语,有助于诠释、提醒或重申新闻的思想观点。

(2)展望式。对于动态性的新闻事实,人们对事件的下一步发展态势或结局翘首以待,就可以用人们最关注的问题展望式的语言作为结束语,以提醒受众对媒体的最新报道给予持续关注。

(3)悬念式。这种结语常见于连载性的系列报道,为了吸引受众对下一期报道的继续关注,作者常在结尾处留下一个悬念,诸如:"她真的会现身吗?""接下来会发生什么情况,大家拭目以待"等。

(4)写实式。用事实发展结局作为报道的结语,直陈事实、无须修饰,戛然而止、干脆利索。

(二)新闻的五种结构

1. 金字塔式

按照事件发生、发展的时间顺序来安排材料,把新闻的六要素顺次串联起来,依序为引言、过程、结果。这种渐入佳境式的叙述手法,将新闻重点摆在文末,一般多用于特写。金字塔式适合报道故事性强、具有浓厚的人文情怀的新闻事件。

2. 倒金字塔式

倒金字塔式是目前媒体常用的写作方式。它把最重要、最精彩的内容放在前面的导语中,主体部分依材料的重要性递减原则来安排事实材料,待事实叙述完毕报道便结束。这种结构方式有助于受众快速了解新闻重点。

3. 菱形式

这种"两头小、中间大"的结构方式,主要适用于事实内容庞杂,在导语中难以详尽概括,只能在主体部分进行分段细述的情况。

4. 折中式

折中式又叫新华体,它将金字塔式和倒金字塔式二者折中,事实中最重要的信息依然在导语里,主体部分按照事件的时间性或逻辑性的顺序展开叙述。

5. 纲网式

以事实中的某一个核心事件为纽带,逐个叙述其他事实,这些零散的事实如举纲之网互相连缀起来。这种结构方式适合于报道较为散乱的事件,诸如活动花絮等。

6. 并列式

将新闻价值和重要性相等或相近的诸多事实,并列起来叙述。常见于公报式新闻。

7. 直叙式

这种平铺直叙的叙述方式,注重行文的起、承、转、合,力求文字的流畅精准。这种方式适合组织机构在发表声明时使用。

三、新闻的标题

在新闻正文内容前面,字号大于正文,对新闻内容加以概括或评价的简短文字,叫作新闻的标题。它包括正题、引题、副题、插题、提要题等。各种标题用不同的字体编排。

(一)标题的特点

新闻的标题,有题文相符、引人入胜、提纲挈领、立场分明、活泼生动等特点。

1. 题文相符

标题中蕴含的内容必须与新闻事实相符,不得有出入,更不能相悖。

2. 引人入胜

突出新闻标题的"眼睛"作用,精彩而又贴切的标题,能引起受众的关注欲望。

3. 提纲挈领

标题的内容是对新闻事实加以概括或评价,所以,必须简明扼要、提纲挈领。

4. 立场分明

新闻标题对事实中的是非曲直必须有鲜明的立场,不能闪烁其词、模棱两可。

5. 生动活泼

新闻标题不能流于生硬、古板和教条,要有生活气息和人文情怀,从而引人入胜。

(二)标题的种类

新闻标题从内容表达上来说,可分为实题和虚题。

实题是新闻标题中叙述事实的部分,虚题是新闻标题中发表议论的部分。

从结构上来分,有单式标题和复式标题。

单式标题,有主题无副题,一般采用一行式主题,也可以用双行式主题。

复式标题,既有主题又有副题,由两个或两个以上标题按一定的规律组合而成。常见的有四种题型:引题搭配主题;主题搭配副题;引题、主题与副题组合;引题、主题、副题与边题(或尾题)组合。

引题说理,宜虚不宜实;主题叙事,宜实不宜虚;副题是对主题的解释、说明和阐述。

正题,又称为主标题、主题,它是标题中最主要、字号最大、最引人注目的部分,用于表明新闻事件的核心事实或主要观点。

引题,又称为肩题、眉题、上副题,它位于正题前,用来引导、烘托、诠释正题。引题比正题的字号小、字数少。

副题,又称为副标题、下副题,它与正题搭配,位于正题后,用于补充、诠释、深化、完善正题。

插题,又称为小标题、分标题,是分别穿插于文中的小标题。

提要题,又称为提示题或纲要题,它提纲挈领地概括新闻的主要事实、做法、经验或问题,作概括性的、简明扼要的介绍。

(三)如何做好新闻标题

俗话说:报看一个题,书看一张皮。这句话说明了标题的重要性。好的标题有如金字招牌,能吸引受众的目光,使人产生强烈的了解欲。

1. 贴切而又生动

新闻标题首先要恰如其分地表达新闻事实的内容,不得偏离新闻事实;同时措辞要精彩生动,但又不能故弄玄虚。可运用成语、比喻、借代、比拟等增强标题的精彩度,力求工整、对仗、朗朗上口。

2. 彰显报道精华

新闻标题要将最有价值的新闻事实体现出来。一篇新闻报道是否能引起受众的关注,标题是关键。

3. 精短而又通俗

新闻标题以精短、易懂为佳,切忌冗长、咬文嚼字。

四、新闻的体裁

(一)新闻体裁的定义

新闻体裁,是指新闻媒体报道新闻内容所采用的载体形式。它包括:消息、通讯、特写、专访、深度报道、新闻述评等。

(二)报纸常见的新闻体裁类型

1. 消息

"君子通达物理,贵尚消息盈虚。""日中则昃,月盈则食,天地盈虚,与时消息。""君子尚消息盈虚,天行也。"这是"消息"一词最早的出处。这里的消息,指的是天地万物生杀消长、荣枯兴衰的发展、变化之规律。到了近代,"消息"一词渐渐成为新闻体裁的特指,人们常常把"消息"称为新闻。

新闻学中的消息,是指用简练的语言文字迅速传播新近发生的事实的新闻体裁。它只报道事实的概貌而不详述事实的经过和细节。消息是一种最基本的、被广泛采用的新闻体裁。

消息有真实性、时效性、精短性的特点。

真实性,是指消息所传播的事实必须真实准确地反映客观事实。

时效性,是指消息必须迅速及时地将最新发生的事实传播给受众。

精短性,是指消息要用短小精悍、言简意赅的语言文字来传播事实信息。

消息从内容上划分为:政治新闻、经济新闻、文教新闻、体育新闻、社会新闻、娱乐新闻、法制新闻、军事新闻等。

从事实性质上划分为:事件新闻、非事件新闻。

从报道对象上划分为:人物新闻、事件新闻。

从篇幅大小上划分为:长消息、短消息、简讯、一句话新闻、标题新闻等。

从实事内容上划分为:动态消息、综合消息、经验消息、评述消息等。

(1)动态消息,又称动态新闻、纯新闻。它是迅速、及时、准确地报道新近发生的或正在发生的国内外重大事件、新闻事实的一种主要的消息类型。

(2)综合消息,又称综合新闻,它是指综合反映带有全局性概况、动向、成就和问题的消息报道。它把不同地区、不同战线、不同部门的同类新闻事实,围绕一个中心,综合起来进行报道。有材料,有观点,有分析,有综合。

(3)典型消息,又称典型新闻、典型报道、经验消息,它是对某个部门的(正面或反面)典型经验(教训)或做法进行系统的报道,从而对全局起着引领或警醒作用。

(4)述评消息,又称新闻述评,它是一种介于新闻和评论之间、既述又评、夹叙夹议的消息类型。在报道新闻事实的同时,又对新闻事实的性质、特点、发展趋势等做出分析、解释和议论,以表明作者的观点。记者述评、时事述评就是其中的两种类型。

2. 通讯

通讯,指运用叙述、描写、抒情、议论等多种手法,详尽、具体、生动、形象地再现有价值的人和事的一种新闻体裁。它包括人物通讯和事件通讯两类。通讯和消息一样,要求及时、准确地报道生活中有意义的事实,但报道的内容比消息更具体、更系统。

通讯具有翔实性、思想性、形象性、议论性、时间性五大特征。

(1)翔实性,是通讯有别于消息最明显的特征,通讯可以对事实发生、发展的来龙去脉、环境背景进行详尽的、具体的、生动的叙述。

(2)思想性,要求对一些受众普遍关注的、有意义的、有价值的新闻事实进行报道。

(3)形象性,和消息不同的是,通讯不是简单地报道新闻事实,而是可以采用叙述、描写、抒情、议论等多种手法,对事实进行生动形象的叙述。

(4)议论性,又称评论性,通讯可以对新闻事实进行分析、议论和评价,旗帜鲜明地对事实的是非曲直做出评判,以表明媒体或作者的立场和观点。

(5)时间性,通讯的时间性不会像消息那样要求那么严格。

通讯按内容划分,可分为人物通讯、事件通讯、概貌通讯、工作通讯。

按形式划分,可分为记事通讯、人物专访、纪实、故事、巡礼、见闻、特写、速写、侧记、散记、采访札记等。

3. 特写

特写,又称新闻特写,是截取新闻事实的横断面,生动活泼地再现具有典型意义的事件、人物或场景的形象化报道的新闻体裁。

特写通常有以下类型：

(1)人物特写：绘声绘色地再现人物的行为特征，给人以强烈动感的印象。

(2)事件特写：叙述事件具体而又详细的新闻事实。

(3)场面特写：摄取和再现事实中关键而又精彩的场面。

(4)景物特写：描述事实中有价值、有意义甚至鲜见的景物。

(5)工作特写：形象地再现某个工作或生产场面。

(6)札记特写：生动地再现各种具有新闻价值的事实现场。

4. 专访

专访是记者对新闻人物就相关有价值的事实进行访谈和答疑的一种报道体裁。专访比一般报道要详细而又生动。

专访包括：人物专访、事件专访、问题专访、风貌专访。

5. 深度报道

深度报道，就是系统、深刻地再现重大事实和社会问题，挖掘和阐明事实的因果关系，揭示事实的发生和变化的实质和意义，追踪和探索事实发展趋向的报道形式。

深度报道的主要内容包括：事件、新闻背景、新闻前景、新闻过程、新闻分析、主观感性、新闻预测、图片说明、对策建议等。

深度报道，在英、美等国被称为"大标题报道"，法国称为"大报道"，我国又称为深度新闻、焦点新闻、新闻透视、专题新闻、专题报道等。

深度报道具有以下特征：

(1)深刻性。它是运用解释、分析、预测等方法，从历史渊源、因果关系、矛盾演变、影响作用和发展趋势等方面进行纵深报道。

(2)思想性。记者不是对事实进行单层面的报道，而是透过事实表象，进行多维度的思考、全方位的分析、立体化的呈现。

(3)主流性。深度报道通常选择大众普遍关注的具有较强的新闻价值、内涵丰富的主流化的事实进行报道。

6. 新闻述评

新闻述评又称述评、记者述评。它是新闻和评论结合,边述边评、述评合一的一种新闻文体。它既报道新闻事实,又对新闻事实做出必要的分析和评价;既有新闻报道的功能,又有新闻评论的作用。篇幅上常常述多于评,内容上评重于述。

如《焦点访谈》《东方时空》《今日关注》《时事开讲》等都是新闻述评栏目。新闻述评有如下特点:

(1)以评为主,以述为辅

在新闻述评中,边述边评、述评结合,述是评的铺垫和基础,评是述的最终目的。叙述事实,要依据评论的需要进行客观的叙述;评论是新闻述评中关键的内容。

(2)述评结合,相辅相成

既评又述,述是对新闻事实的客观叙述,评是建立在述所提供的新闻事实基础上的分析和评论。叙述事实是新闻述评的基础,述是摆事实,评是讲道理。述和评唇齿相依、相辅相成。

新闻述评分为工作述评、形势述评、事件述评、思想述评等类型。

①工作述评,就是对实际工作中具有普遍意义和价值的新经验、新问题、新情况进行评述。

②形势述评,就是对受众普遍关注的国内外的政治形势、经济形势、军事形势等进行述评,以帮助受众提高认识,开阔眼界。

③事件述评,对国内外发生的重大事件进行评述。作者依据掌握的材料,对事件的产生、发展和趋向进行分析和评价,帮助受众明辨是非,指明方向。

④思想述评,对当前思想领域中的事件和问题加以评论。对于带有普遍意

的思想情况和问题,特别是对良好的道德风尚和带有倾向性的不良现象,结合具体事实,做出明确的、实事求是的评述,以抨击时弊、激浊扬清。

五、新媒体新闻传播的弊端

辩证法认为,任何事物都存在两面性。新媒体新闻传播就像一把双刃剑,它能在最短的时间里给人们传播一手资讯,提供便捷而又丰富的信息资源,有利于大家沟通、交流、互动与融合等;但是,新媒体新闻传播也存在许多负面影响和弊端。

(一)新媒体虚假新闻的传播

尽管新媒体新闻给人们带来了许多快捷的新闻资讯,但是也存在虚假新闻的弊端。如何维护好新媒体新闻传播秩序,杜绝虚假新闻的蔓延,是当今全媒体时代亟待解决的问题。

新媒体虚假新闻信息的传播通常是利用博客、微博、微信、论坛等途径。每一个新媒体言论的发布者都可能成为虚假新闻信息的生产者和传播者。一个虚假的新闻信息在某一个传播网络的节点上,通过微博、微信等载体传播出去,就会以原子裂变般的速度迅速扩散,蔓延全球。

(二)微博大 V 的负面影响力

在新媒体虚假新闻传播中,微博大 V 的负面影响力不可小视。

微博大 V 是指拥有"粉丝"50 万以上的微博认证用户,分橙色认证用户和蓝色认证用户。橙色认证是个人认证用户,蓝色认证是机构认证用户。

微博大 V 在新浪、腾讯、网易等门户网站的微博平台上获得个人认证,因为拥有众多粉丝(受众),具有一定的号召力和影响力。大 V 们往往成为新闻爆料者的求助对象。

网络水军往往成为新媒体虚假新闻传播的主力。

网络水军本是指在网络论坛上大量灌水的人员,后来渐渐演化成通过新媒体写作,编造虚假信息为他人发帖、回帖、造势从而谋取利益的人员的代名词。通常网络水军为网络公关公司所雇佣。

这些受雇人员在"网络推手"的带领下,以各种手法和名目在各大互联网论坛上发帖子,在互联网上集体炒作某个话题或人物,以达到宣传、推销或攻击某些人或产品的目的。

为什么会出现这么多虚假新闻？主要有两方面的原因:一是新媒体写作者缺乏基本的道德修养以及新闻专业素质,未能核实考证新闻事件的真伪;二是一些网络公关策划公司为了牟取利益,不择手段大肆杜撰、捏造虚假信息,以造谣惑众。

因此,新媒体写作者提高新闻专业素养,增强对新闻信息真假的判断和甄别能力,深入新闻现场调查采访,依法依规、客观公正地报道新闻事实就显得尤为重要。

新媒体新闻写作者需要具备社会责任感和担当精神。

第二节 新媒体新闻写作

一、新媒体新闻写作要领

新媒体写作是以新兴媒体为载体的写作活动,在网络媒体、移动媒体、户外虚拟平台上进行互动式的写作行为。

(一)新闻标题的重要性

新媒体时代,受众面对的是海量的信息,如何让自己的新闻稿件脱颖而出,引人注目,这是新媒体新闻写作的关键所在。

在当今跨媒体资源融合的时代,受众在瞬息万变、应接不暇的资讯面前,更多的是通过标题来甄别是否属于自己期待关注的文章。

所以，新媒体新闻写作，标题至关重要。好的标题能够提纲挈领、一目了然，而又暗藏玄机、引人入胜地传递新闻的某种关键性的信息；同时，标题讲究含蓄与蕴藉之美，好标题往往蕴含着某种磁性般的吸引力，促使受众心无旁骛地走进你的文本，了解你所传播的新闻信息。因此，标题最忌索然寡味、一览无余。

(二)新媒体时代新闻标题的作用

1. 引起受众关注

一篇新闻稿关注度的高低，在某种意义上来说，取决于标题制作水准的优劣。因为，新媒体状态下的受众，是根据文章的标题来取舍自己的阅读资讯的。一个平淡无奇的新闻标题，注定是鲜人问津的；相反，一个精彩绝伦的新闻标题，必引得读者纷至沓来。

2. 便于读者检索

新媒体时代，人们打开网页，就会有各种各样的"快餐式"的资讯如潮水般涌入你的视野。人们总是希望在最短的时间里，获取更多的有价值的信息。人们通常都是通过搜索引擎，有目的地输入自己所需要资讯的关键词，进行搜索阅读或下载。而标题往往涵盖着一篇文章中出现频率最高的关键词。这些关键词通常是关注度较高的，充满新奇、神秘、有趣、隐秘、未知等暗示性内容元素。

(三)写出诱人的新闻导语

导语，是一篇消息的开头，是消息最重要、最精彩的部分，是能够引导和吸引读者阅读全文的那段简短的文字。

新媒体新闻写作，导语尤为重要。首先要有一个好的标题吸引读者进入新闻主体页面，如果标题后面的导语十分精彩，读者就会继续往下阅读；否则，就会关闭此页面，另选其他文章阅读。

要写好导语，首先要精心提炼新闻事实的内容，将最新鲜、最有价值的信息提纲挈领、简明扼要地表现出来。

导语必须生动活泼、引人入胜。导语的表现形式多种多样，有概述式、评论式、对比式、叙述式、提问式、描写式、引语式、对话式、感叹式等。要锐意创新，不能墨守成规。要用灵动的文字，囊括新闻事实的精髓、记者的观点、媒体的立场，从而引起受众的关注与共鸣。

（四）展示清晰的新闻主体

新媒体新闻写作，必须清晰地呈现新闻主体。

新闻主体是消息的主干部分，也是详细叙述新闻事实的主要版块，必须条理清晰、层次井然地加以呈现。如果密密麻麻一大片文字，黑压压地展现在读者眼前，自然会给人一种杂乱无序的感觉，直接影响读者的阅读兴趣。新闻主体必须采用插题（即小标题）来分段叙述，读者通过一个个小标题，能尽快了解每个小节所叙述的主要内容。

（五）建立背景材料和信息链接

新媒体新闻写作较之传统媒体新闻写作，对背景材料和相关信息的链接，是其最为明显的优势。

新闻背景指的是新闻事实发生、发展的历史条件和环境条件。

新媒体新闻写作，提供背景材料链接，有助于受众进一步了解新闻事实发生、发展的来龙去脉，加深对新闻事实的认知和理解。

新媒体新闻写作，在文章末尾提供背景材料和与新闻事实内容相关的信息链接，既能丰富新闻的内容，深化新闻的主题，唤起社会的广泛关注，增强文本的知识性、趣味性和可读性，又能让广大受众了解新闻事实发生、发展的时代背景和社会原因。通过链接与事实相关的资讯，帮助受众了解来自各方的声音和见解，从而开阔视野、透视内幕、洞悉全局、增长见识。

二、新媒体新闻写作基本技法

科学技术的不断进步,使新闻的新媒体化写作成为当今新闻文本变革的一大趋势。

新媒体新闻写作虽然建立在传统媒体新闻写作法则的基础上,但是,二者还是存在着明显的区别。新媒体新闻写作从传统媒体新闻写作中脱颖而出,逐渐形成更具现场感、更加快捷、更多资源链接的拥有独特优势的新闻文本。

新媒体新闻写作有以下基本技法:

(1)标题要求单行、实题、朴实、生动形象、通俗易懂。

(2)精心打磨导语,以精练的文字概括新闻事实的精髓。

(3)行文要求多用短句,使用散文笔法,语言鲜活、精练紧凑。

(4)文本切忌冗长,尽量精简,准确精到地叙述新闻事实。

(5)善用图片、音频和视频,尽量使新闻充满视觉冲击力。

(6)页面布局要锐意创新,不墨守成规。

(7)注重原创,切忌从传统媒体上"搬运新闻"。

(8)做好相关信息链接,丰富文本内涵。

第三章 新媒体微纪录片的写作

第一节 新媒体微纪录片概述

一、微纪录片的定义

纪录片的原意是"用影片叙述非虚构的故事"。它是用电影、电视的视听语言、声画传播系统记录和展现生活,也就是对生活中的真人真事进行创作和呈现的影像艺术形式。

纪录片具有生活的真实性和艺术的审美性。

微纪录片是新媒体时代应运而生的一种新的影像类型。新媒体为微纪录片的创作与传播提供了广阔的平台。

微纪录片为了适应网络、手机等新媒体、自媒体的传播需要,与过去的纪录片相比,除了时长短(一般10分钟左右)之外,还具有制作简便、周期短、成本低、个人化、手机拍摄、实时报道、传播便捷等优势。

微纪录片是呈现瞬间的历史和正在发生的真人真事,用真实故事来打动人心、传播思想的,一种精短的、碎片化的影像艺术形式。

每个人都可以成为微纪录片的制片人、编剧、导演、演员和观众,都可以成为生命状态、现实生活、时代风貌、历史进程的某个片段的纪录者和传播者。

二、微纪录片的特征

微纪录片具有精短性、专一性、互动性、现实性、原创性、真实性、艺术性、思想性、人文性、审美性等特征。

(一)精短性

精短性是微纪录片的重要特征,是适应新媒体时代受众碎片化阅读需求的表征。微纪录片的时长,目前学界和业界暂未统一定论。百度百科关于微纪录片的时长定义为5~25分钟;维基百科关于微纪录片的时长认定为2~25分钟。目前,微纪录片一般为10分钟左右,不超过25分钟。微纪录片之"微",主要在于方便新媒体传播和适应受众快节奏、碎片化的欣赏需求。

(二)专一性

微纪录片篇幅的精短性决定了其主题的专一性。

微纪录片采用现场录播方式,记录当下的生活片段,这就要求其主题必须专一,因此在较短的时间和篇幅内,微纪录片无法呈现内容相对复杂的主题。

(三)互动性

新媒体时代的微纪录片,以镜头对准普通百姓,聚焦寻常生活中不寻常的故事。它使纪录片从精英走向草根,由小众走进大众,使原创者、传播者、受众都能充分参与和互动。

(四)现实性

微纪录片因其短平快的特点,使得创作者可以随时个性化地记录身边的突发事件、热点问题、人物故事等社会现实。

(五)原创性

原创性是微纪录片存在价值的关键,它要求创作者撷取现实生活中的某事件的鲜活片段,记录某人物故事的感人情节,呈现大众普遍关注的某热点问题。切忌"搬演"和"转引"。

(六)真实性

真实性是微纪录片的生命和力量的源泉,它要求创作者以真诚、科学、严谨的态度,用非虚构的方式,从现实生活中获取素材,进行创作。切忌运用非纪实手法的"呈现"和"虚构"。微纪录片必须有新闻的属性,否则就成了虚构的微电影。"真实地再现"和"艺术化呈现",是纪录片和电影的本质性的区别。

(七)艺术性

微纪录片是新媒体时代,人们记录现实生活、表达自我情愫的一种话语表达形式。其艺术性体现在它有着审美的功能,这决定于创作者提炼和抓住事物本质的能力以及运用纪实手法进行创作的技巧。这是微纪录片区别于人们记录普通生活视频的主要标准。目前,许多原创的微纪录片,整体质量普遍不高,往往停留于照搬直录现实生活、简单表达日常情感的层面,缺乏微纪录片应有的艺术性。

(八)思想性

思想性是微纪录片的灵魂,体现在创作者在作品中所持的立场、观点和倾向性,以及对作品内容的认知、评价和态度。换言之,纪录片的思想性是创作者主体意识的客观反映。缺乏思想性,就不成其为微纪录片,与人们日常生活中自娱自乐的视频无异。

(九)人文性

纪录片记录的对象主要是人,关注人的本质力量、生存状态、文化积淀、性格命运、人与自然的关系、人对宇宙世界的思索。看似源于寻常素材,表现某些个人化的事件,却蕴含着人类具有通感的生存意识和生命感悟,追求深层的人文内涵、文化品质和永恒的主题。它不像专题片有着或隐或现的宣传的功利性。

(十) 审美性

纪录片因为有着独特的"纪实美"而深受观众喜爱。随着作品中的真人、真事、真实状态的客观展现,观众的审美需求得到满足、精神得以净化、情操得以升华。所以,纪录片必须拍得美,应在客观纪实和艺术造型之间寻求最佳平衡,采用多元的、开放性的叙事手法进行创作,使观众获得美的享受和审美思考。

三、微纪录片的种类

目前,纪录片尚无统一的分类标准,按照作品的题材可分为:时事纪录片、政论纪录片、历史纪录片、科教纪录片、人文纪录片、传记纪录片、地理纪录片、专题纪录片等。

(一) 时事纪录片

时事纪录片是关注新近发生的新闻事实的纪录片,它以新闻事件为核心内容,利用纪录片特有的属性和功能,将事件多维度地展现给观众。

(二) 政论纪录片

政论纪录片是采用真实形象对政治问题发表评论或进行论证的纪录片。它利用电影的技术优势和艺术优势,运用可视的影像材料进行论证,具有形象性和思辨性相结合的特点。所采用的影像素材不受时间限制,历史和现实均可。

(三) 历史纪录片

历史纪录片是用影像记录历史,再现既往的人物和事件的纪录片。它能准确反映历史的本来面目,尊重历史的事实。历史纪录片应具有文献价值,可以运用历史影片数据、历史照片、文物、遗迹或美术作品进行拍摄。

再现历史有三种方法:

1.引用文献资料,充分利用解密文件、图片资料和影像资料等,尽可能重现历史的细节,还原本来面貌。

2. 口述历史,通过与历史事件相关的人物讲述其个人经历和历史体验,展现一个个体的、非全景式的历史面貌。尽管讲述者所陈述的内容可能带有个人意识,片面零散,具有不确定性,但是,如果能够恰当地使用,将会使纪录片变得史料充实、生动真切。讲述者的同期声穿插于解说词中,对历史的描述起到锦上添花的作用。

3. 情景再现,就是对于历史场景复原再现的一种表现手法。它是历史纪录片创作中由于史实资料缺乏而在叙事中采取的一种无奈而有效的表达手法。历史纪录片中的人物通常不说话,只是作为一个人物形象在当时特定的环境里出现,由解说词或字幕来辅助表达人物的内心活动和叙述事件。

（四）科教纪录片

科教纪录片除了具有一般纪录片的真实性之外,还有普及科学知识、科学方法,传播科学精神的职能。科教纪录片的真实性是建立在科学性的基础之上的,而艺术性则是使科教纪录片能够有效地传播科学知识的重要因素。所以,优秀的科教纪录片是科学性和艺术性的完美结合。

（五）人文纪录片

人文纪录片就是用精致而又简洁的镜头语言记录人类历史文化内涵的影像作品。它要求创作者具有较高的文化素养、深厚的人文情怀、较强的社会责任感。人文纪录片将人类在改造自然环境的过程中生生不息的人文精神以影像的形式呈现出来,有尖锐的批判与深刻的文化反思等内容,使观众参与其中并引发思考。

人文纪录片要走向世界,在主题思想上彰显中华文化精神内涵和突出民族特色的同时,还需要提高摄制质量和技术水平,确保图像清晰、音频信号稳定。

（六）传记纪录片

传记纪录片是记录人物生平或某一时期的人生经历的影像作品。只记录某人物的某个侧面的人物肖像片、人物速写片等都属于传记纪录片。传记纪录片要求记录的对象必须是特定的真实的人物,人物和故事情节不能杜撰和虚构。

(七)地理纪录片

地理纪录片是探索某一特定地区的自然环境状况,或介绍特有的民俗文化、城乡风貌的纪录片。

(八)专题纪录片

专题纪录片是指围绕着某个特定的领域或其中某一方面,采用非虚构的艺术手法,记录从现实生活中获取的真实的影像和原始的音响素材,真实而客观地表现事物的原生形态和特征以及作者对事物的认识与评价的纪实性影像作品。

第二节　新媒体微纪录片脚本写作

一、微纪录片脚本写作步骤

(一)选题

创作纪录片,首先要选择一个好的选题。选题就像一颗种子,你究竟是想收获谷子还是稗子,就看你种下的是什么种子。选题的好坏往往决定纪录片的成败。从某种意义上来说,一个好的选题,等于纪录片成功了一半。否则的话,选题不好,拍摄、制作、解说词再怎么给力,也是无济于事甚至南辕北辙的。

如何甄选和确定纪录片的选题?

总的原则,选题首先必须打动你自己,而后才可能感染别人。也就是说,好的选题必须具备感人甚至震撼人心的力量。

(1)选题是否具有人文情怀,能否吸引受众的眼球?

(2)选题是否具有时代精神、历史价值、社会普遍性意义？

(3)选题是否符合公序良俗和人类共同价值观？

(4)选题的事件是否具有典型性,社会环境、人物命运、性格特征是否具备纪录片的要素？

(5)创作视角是否突破常规,另辟蹊径,有哪些创新之处？

(6)选题是否具有可操作性,也就是说,能否拍到或搜集到丰富的镜头、视频等素材？

(二)提纲

提纲,原意是提举网的总绳,比喻在写作、学习、研究、发言、讨论等过程中抓住主要的、核心的、大体纲要性的内容。

确定纪录片的选题后,就要着手提纲的写作。

写作纪录片提纲,应紧紧围绕着"为什么拍""拍什么""怎么拍"三个核心问题。解决了这三个问题,大纲算完成了。

1. 微纪录片提纲的结构

(1)初步划分段落

为纪录片后期制作提供内容层次和先后顺序的参考。

(2)确定风格样式

不同的题材采用不同的创作风格。比如,采用纪实的手法还是表现的手法,突出文学性还是强调新闻性,是以叙事为主还是表达情感为主,等等。

(3)确定解说词、同期声、音响、音乐等

提纲是建立在熟悉素材的基础上,明确主题和立意,有选择地组织搜集形象素材。

2. 微纪录片提纲的主要框架

(1) 主题

微纪录片所要表达的主要内容和中心思想。

(2) 意义

微纪录片中传递和交流的精神内涵,所体现的价值和作用。

(3) 宗旨

微纪录片所呈现的主导思想、主要旨趣和意图。

(4) 内容

微纪录片所要告诉人们的实质性的内涵。

(5) 受众

微纪录片信息传播的接收群体。

(6) 结构

微纪录片各个组成部分依照内在的规律有机地排列组合。

(7) 进度

微纪录片创作的进展速度。

(8) 要求

微纪录片在创作过程中必须实现的愿望,想要达到的具体目标。

(三) 脚本

脚本,是指供戏剧表演、电影、电视等拍摄时所依据的底本,也指书稿的底本。脚本往往确定一部作品的框架脉络和内容纲要,决定作品的故事脉络走向。

脚本不同于剧本,脚本只是框架性地、粗线条地框定作品的发展方向,没有具体的人物对话、动作、内心独白等细节性的内容。剧本就是根据脚本提供的大纲设置人物故事、性格命运、戏剧冲突、社会环境等详尽的文本。

同样,微纪录片的脚本就是为解说词创作提供的一个纲领性的底本。

有的纪录片将创作好的解说词与脚本融合在一起。

(四)解说词

电影电视是一种视听艺术,作为影视作品种类之一的纪录片,也是通过画面和声音来讲述故事内容、表达主题思想的。

纪录片的声音包括:解说词、同期声、后期音乐、音响等。

纪录片的解说词就像黑夜里的一盏烛光,让人看清黑暗中未知的世界。解说词的意义在于阐述画面外的信息,表达作者的观点,烘托人物的思想情感;使观众的联想思维和对画面所产生的视觉感受相融合,使画面的意境得以延伸,主题内涵得以深化,精神主旨得以升华。

微纪录片脚本完成之后,便进入摄制阶段,由于本书主要讲述新媒体写作,拍摄制作这一部分内容从略。

二、微纪录片的解说词

微纪录片的解说词,就是解释、说明、表达、深化微纪录片画面内涵的文字稿,它是微纪录片声音元素之一。解说词的合理而巧妙地运用,能使微纪录片锦上添花、情景并茂。

三、解说词的写作要领

(一)真实性与旁知性结合

由于真实性是微纪录片的生命,解说词起着解释、说明微纪录片画面内涵的作用,这就要求解说词也必须具备真实性,不能杜撰虚构不真实的内容信息。

叙述学中的叙述视角分为旁知视角、自知视角、次知视角以及全知视角。不同题材的作品采用不同的时态,具有不同的叙述视角。创作现在进行时的作品,最好运用旁知视角(即以作品中次要人物的特定观察角度进行叙述);过去进行时的作品,用自知叙述视角(即叙述者就是作品中的主人公,采用第一人称的叙述方式进行叙事);现在进行时与过去进行时交叉的作品,可用次知叙述视角(就是以作品中的主要人物为特定观察者的角度来进行叙述,通常以第一人称出现);创作历史题材的作品,往往用全知叙述视角,又称上帝的视角、万能视角(即叙述者全知全能、无所不知,作品中的人物、故事、场景等全部掌控在手)。

微纪录片是以关注当下现实生活为主的影像体裁,因此应运用旁知视角去创作解说词。旁知视角是运用他人的视角观察社会、审视世界,客观真实地关注事物的全貌,其情感倾向、观点看法就是作品的思想和立场。这就使微纪录片更具新闻性、纪实性、真实性和权威性。

(二)艺术性和弥补性并存

微纪录片具有艺术性的特征,这就要求解说词具有一定的艺术性和审美价值,能够艺术地呈现生活中有价值的人物和事件,不能单调呆板地、缺乏艺术含量地叙述生活原貌。

微纪录片面对的受众文化层次不一、审美情趣各异,他们对作品的画面内容、作者意图的理解也不一致,可能产生某种疑问甚至误解;同时,如果没有更为恰当或理想的画面和音响来表达作品深层次的思想含义,解说词就可以弥补其中的不足与缺憾,使作品更加完美。

(三)协调性和融汇性统一

解说词是微纪录片的一部分,它要配合画面和声音出现,不能独立存在。解说词必须适应画面的长短、快慢,音乐的节奏和风格等,与画面和声音高度协调、完美融汇,真实地记录现实生活中的人和事。在微纪录片中,画面、声音、解说词这三方,任何一方都不能单独地传递信息;当画面和声音无法更为理想地表现作品内容时,解说词就起着重要的烘托作用。当需要画面、声音来表现时,解说词则让位给画面和声音。作品在转场、过渡时,若没有合适的画面和音乐来表现,解说词就起着承上启下的衔接作用。

(四)解说性与提升性融合

解说词是对画面内容进行提纲挈领的解释、说明、深化和升华。它不是简单地介绍和机械地描摹画面,而是对作品中画面和音响无法表现的主题思想和美学内涵,进行补充、完善和提升。

(五)唯美性和通俗性互补

微纪录片是一种视听艺术,解说词要求具有唯美性和通俗性。也就是说,创作解说词时,既要考虑其文学色彩和人文情怀,又要兼顾适合播音员播读和受众听觉的因素。解说词必须朗朗上口,忌用生僻字、谐音字、长句、艰涩句。多用响亮、明快,富有节奏感、韵律美的短句和口语化、唯美的言辞。应尽量做到解说词与画面、音乐完美融合,唯美性与通俗性互补。

(六)形象性和精练性兼备

由于微纪录片具有艺术性特征,这就要求解说词配合画面生动形象地呈现给广大受众,使受众受到感染、启迪和共鸣。因微纪录片的精短性,要求配合画面的解说词也必须精短凝练,要用最具说服力、感染力的精彩语言描绘画面内容,从而丰富、升华作品的文化内涵和精神境界。

第四章 新媒体微电影写作

第一节 新媒体微电影概述

一、微电影的定义

微电影,国外称为电影短片,是指运用新媒体制作、传播、播放,适合在移动状态下观看的有完整故事情节的微型电影。

二、微电影的特征

(一)精短性

微电影最显著的特征就是精短。其精短的原因有二:一是微电影的传播、播放(甚至制作)通常是通过手机、平板电脑等移动设备来完成的,所以要求微电影篇幅精短、内容浓缩,以便于通过新媒体下载、传输、播放;二是当今社会,人们的阅读习惯进入标题时代、读图时代,精短便于人们在不确定的短暂时间里,随机欣赏相对完整而又短小精悍的微电影。

(二)大众性

微电影的制作品质要求不严、门槛较低,人人都可以做制片人、编剧、导演、演员、发行推广人和观众。因其主要通过新媒体传播,画面的像素和清晰度也要求不高,所以对拍摄设备也没有特别规定,可以用摄像机,也可以用照相机,甚至可以用手机、平板电脑等新媒体摄像设备。

(三) 时代性

微电影的时代性有两层含义:一是微电影是随着互联网技术的广泛应用和新媒体的普及应运而生的一种新的媒体传播形式,因其通过新媒体的传播方式,和过去的电影短片有所区别,因此具有明显的时代特征;二是微电影在选择题材时,要求立意新颖,具有一定时代感以及思想深度和审美高度,聚焦大时代背景下的小人物的故事和命运,从而唤起某个人群的集体回忆和思想共鸣。

(四) 广阔性

微电影发布和传播的平台十分广阔,仅国内的视频网站就有:腾讯视频、抖音、快手、爱奇艺、优酷、土豆、百度视频、乐视、迅雷看看、新浪微博等。这也是近年来微电影得以突飞猛进发展的主要原因。

(五) 习惯性

随着新媒体的迅速发展,移动视频越来越普及,通过视频获取资讯,渐渐成为大部分受众的生活习惯(人们戏称手机是当代人类的新型鸦片),人们习惯性甚至心理依赖性地浏览 QQ、微信、微博、豆瓣网等。这种大众性的习惯(甚至心瘾)使得微电影拥有广泛的受众群体。

(六) 互动性

新媒体为微电影的生产、传播、发展提供了广阔的市场前景。只要有兴趣,人人都可以利用自己的手机、相机等摄影器材从事或参与微电影的制作、传播和推广,都可以写影评参与微电影的宣传和营销。

(七) 专一性

微电影的精短性决定了其主题的专一性,在短小的篇幅里,在有限的时间和空间里,只能表现内容单一的故事,集中精力塑造一两个典型人物形象,无法呈现庞杂繁复的主题内容。

(八)商业性

随着微电影的日渐普及,其商业性也不断彰显出来,微电影的商业色彩也越来越浓厚。如果要拍出高品质的微电影,就必须要有一定的资金作保障。为解决资金问题,在微电影中自然会以各种方式植入一些广告元素,为投资者的企业或产品进行广告宣传以作为回报。

三、微电影广告优势

随着微电影的兴起,广告开始电影化,微电影广告优势十分明显。

(1)同一产品广告,向电视、报纸等传统媒体投放,其广告金额往往是微电影制作费的数倍;而一部精彩的微电影,可在网络、手机等各种新媒体上获得受众广泛的、持续性的传播,其广告效应是滴水投入、涌泉回报。

(2)电视、报纸等传统媒体广告投放,会受到播出档期、时间、次数以及刊出日期的限制,刊播日期和档期一过,广告就失去了持续性的传播效应。而微电影中的广告不受限制,可以长期在广大受众中传播。

(3)微电影广告投放,对目标受众群体定位十分精准,能直达有效消费群体。因为新媒体移动视频用户群体主要是学生、上班族等,他们有网上购物的习惯,也是最有消费欲望和持续消费能力的人群,所以这一人群接受新生事物的能力强,广告效果尤为明显。

(4)微电影广告较之于传统媒体广告,更具有隐蔽性和唯美性。它是将品牌通过"理念植入""道具植入""场景植入"等方式融入微电影的元素里,尽可能地避免客户对所植入产品的企业产生厌恶情绪;它可以将产品恰到好处地呈现在受众面前,既推广了产品品牌,又巧妙地为企业树立了形象。

(一)广告植入的概念

广告植入,有两层含义:一是指将产品广告植入影视、戏剧等作品之中的行为;二是指产品广告植入的方式,也叫植入式广告。它是指将产品或品牌及其代表性的视觉符号甚至服务内容,策略性地融入电影、电视剧或各种舞台剧的内容之中,通过场景的再现,使受众留下一定的印象,从而达到宣传、推广和营销的目的。

植入式广告是随着电影、电视、游戏等发展而兴起的一种广告形式。由于受众对广告有着本能的抵触心理,把产品品牌融入这些娱乐载体中,可以让受众在不知不觉中了解产品信息,从而产生潜移默化的宣传效果。

(二)微电影广告植入形式

1. 理念植入

又叫主题植入,这是微电影广告植入的最高境界。它往往采用定制的模式,将某品牌的内涵通过故事情节呈现在剧本内容中,使其自然而然地演绎品牌的精髓。这种方式既能提升品牌的知名度和影响力,又能给受众带来美的享受。它和专门介绍产品成长历程、企业文化、品牌理念等的宣传片、专题片有着本质的区别。微电影是观众主动接受,而宣传片、专题片是观众被动灌输。

2. 题材植入

即专门为某一品牌拍摄影视作品,详尽地演绎品牌的初创、成长、发展、壮大的历史以及企业文化理念等。

3. 明星植入

微电影中的主角(明星)通过个性化的台词、动作行为,巧妙地表现某品牌的功能、价值或文化内涵,凸显品牌的理念和优势。

4. 道具植入

将产品作为影视作品故事中的道具,如汽车、电脑、手机、服饰、化妆品、生活用品等,通过剧中人物的使用或接触,将产品呈现给受众,以扩大品牌的影响力。

5. 剧情植入

既可将某品牌设置为故事情节的中心,或作为故事中某个标志性的元素;也可以通过剧中人物的台词,提及、美言、特指或暗示某一品牌的优点,或剧中人物使用某品牌时,演示其用途和性能。

6. 台词植入

将某品牌融入影片主要人物的台词中,通过主要人物的对话来宣传品牌。有些经典的台词,往往让人难忘和深思,甚至成为风行一时的流行语。

7. 场景植入

在影视作品中,利用反复出现的场景(如墙体、户外广告牌等)展示品牌标识等信息;也可以将某品牌的生产或办公场所(风景名胜、旅游景点、酒店、度假村、工厂、公司等)作为影视剧拍摄的场景。

8. 音效植入

通过微电影的插曲或主题曲中的歌词和旋律、画外音,剧情中的电视广告、手机铃声等,引导受众对植入产品的品牌产生联想,从而达到宣传效果。

第二节　新媒体微电影剧本写作

一、剧本

拍摄微电影,首先要有完整的剧本。演员根据剧本里的场景、情节、动作、对白进行表演,摄像师进行拍摄,继而进行后期制作成片。

(一)什么叫剧本?

剧本,又称剧作,它是一种文学形式,是戏剧、影视艺术创作的文本基础,也是演员表演的文学蓝本。

(二)影视剧本的形态

影视剧本在创作过程中,存在文学剧本和分镜头剧本两种形态。

1. 文学剧本

文学剧本是编剧运用蒙太奇表现手法对未来的影片所创作的故事文本,为影片构建了一个基本的、完整的故事,对影片的主题思想、故事情节、人物关系、场景环境、叙事风格等做出详细的描述。

2. 分镜头剧本

分镜头剧本又称为导演脚本、工作台本。它是导演对编剧提供的文学剧本进行研究分析之后,运用电影化手段,以绘画草图或列表的方式,将文字内容分切成拍摄用的电影镜头,注明每个镜头的内容、长度、景别、摄法、对白(或解说)、音乐、音响、特效等。

(四)微电影剧本的要素

微电影剧本包括:主题内容、背景环境、人物关系、激励事件、矛盾冲突、故事结局等六要素。

二、微电影剧本写作要领

(一)提炼主题

微电影主题的选择和提炼至关重要,应选择有人文内涵和社会价值的新颖的主题来写。一部好的微电影必须具有较高的艺术价值,同时还应具有一定的思想性,能让观众看完之后产生共鸣、受到启迪,从而引发对社会、对人生等相关问题的思索。

(二)从尾写起

微电影是从头看到尾,剧本却是从尾开始写到头。一部好的微电影结尾往往是出人意料的。这就要求微电影编剧在下笔之前首先要想好故事如何结局。好的结局让人出乎意料,并能让观众参与创作而余味无穷。

对于结局,编剧和观众正好相反,编剧不知道结局,就会像脱缰的野马、无头的苍蝇,漫无目标、迷失方向;观众不知道结局,神秘感和好奇心驱使他们静静地观看剧情,等待结局是不是和自己所预料的一样。好的结局,往往会给人带来惊喜、感动或震撼。

(三)先声夺人

叙事类的文艺作品,无论是小说、散文,还是电影、电视剧,都需要有个精彩的开头。而对于篇幅短小的微电影来说,开头就显得尤为重要,首先必须紧紧抓住观众的注意力,影片一开始就要巧妙地设置矛盾冲突,要有危机事件的暗示,让观众悬着一颗心走进影片的剧情世界。

(四)时空集中

微电影剧本是用文字描述整部影片内容以供表演和拍摄的蓝本,内容包括对影片中的场景、人物、对话和动作的描述。它不同于小说、诗歌、散文等文学形式,不受时间和空间的限制,可以信马由缰地自由挥洒,精骛八极、心游万仞地进行描述。微电影由于其精短性,创作剧本要求时间、场景、人物、情节等高度集中在有限的时间和空间内。

(五)冲突激烈

所有叙事性的文艺作品都离不开矛盾冲突,它是推动故事从发生、发展走向结局的原动力。矛盾冲突是戏剧的生命,微电影剧本更加要求故事中的矛盾,在有限的时间和空间里发生激烈的冲突。随着激励事件的步步推进,矛盾纠葛的进展、危机、高潮、结局,接踵而至。

微电影中的矛盾冲突有着至关重要的意义,有了矛盾冲突就会引起观众的关注,引人入胜。它就像一根无形的绳索,牵引着观众走进微电影的艺术世界里。

(六)巧设悬念

微电影的悬念,就如同注射给观众的兴奋剂,巧妙地设置悬念,是一部微电影成功地博取观众注意力的关键。它能使人们对故事发展和结局产生多种揣测和推理,从而自然而然地参与编剧的创作,引发诸多念想和期盼。

(七)台词鲜活

剧本中的台词就是剧中人物所说的话语,是编剧用来刻画人物个性、塑造人物形象、展示故事情节、体现作品主题的主要方式。台词包括对白、独白、旁白。微电影的台词要求鲜活、时尚、幽默、风趣、有时代感、能打动人心,甚至能成为风行一时的流行语。

(八)了解观众

编剧写剧本,首先要了解观众的审美取向和市场需求,必须投其所好,摸准观众的痛处,挠到观众的痒处。这样的作品才有生命力。否则,编剧只顾自己的情感释放,不顾观众的兴趣嗜好,写出来的剧本,即便搬上银幕,也必定是车马稀疏、门可罗雀。了解观众,对于微电影剧本的编剧尤为重要。

(九)使尽解数

为了使微电影精彩,编剧必须使尽浑身解数,穷尽毕生才华,使剧本故事超凡、情节跌宕、扣人心弦、奇境迭出、颠覆视觉、震撼肺腑、余音缭绕。

(十)配合广告

为了确保微电影有充足的资金来拍摄制作,制片人会尽可能地在微电影中以各种形式植入产品广告信息。有些广告植入方式,如理念植入、剧情植入、台词植入等,需要编剧配合和支持。

三、微电影剧本写作应注意的问题

（一）人物

微电影由于时长所限,剧中人物越少越好,一般是一个男主角和一个女主角,以便于在有限的时间和空间里,描绘典型人物的情感细节,塑造人物形象。假若在一部微电影里设置了一群人物,观众在这短短的时间里可能连一个人物都记不住。

它不像电影,至少可以设置两个正派人物、两个反派人物;更不像电视连续剧,除了正反派主要人物之外,还可以设置群像。

（二）故事

微电影剧本要求故事单一、情节精彩,所有故事情节都是用来塑造人物形象的,都要围绕着主要人物展开。一般来说,经典电影都是故事简单而又精彩的。

（三）格式

影视剧本不同于小说、诗歌、散文等文学体裁,纯粹用文字来表达作品内容。剧本是用画面语言来表达作品内容的,也就是用文字来描述一系列的场景、人物对话、动作等画面,供导演再次创作并引导演员进行表演。它有着固定的行文格式,包括:场次标题、场景概述、人物动作、语言对白(含画外音)等。

（四）表达

影视剧本是用镜头语言来呈现剧情的,所有内容必须以画面形式进行表达。它不像小说、散文等题材,一切内容都是通过文字来表达,读者通过阅读文字来领会作品的内容和思想含义,通过阅读文字产生联想,构建故事情景与人物形象。

小说、散文等文学类题材,不仅可以直接描绘景物、抒发感情,还可以直接刻画人物的心理活动。而剧本就不能直接用文字来表达人物的思想感情（包括梦境、回忆、妄想、潜意识等）。例如：小说里写某人回忆起自己童年放风筝的情景。影视剧本必须用闪回、叠化、淡入、淡出等形式，将镜头转向一个儿童在阳光下的草地上，手拿风筝线、仰望天空放风筝的画面，或者采用内心独白、旁白或画外音的方式来交代这一回忆童年的心理活动。影视作品应尽量少用内心独白、旁白或画外音，因为，影视是一种视听性的观赏艺术，主要以画面来演绎剧情。

（五）对白

影视剧本是一种画面艺术，不能用过多的语言对白来交代剧情。对白是根据剧情的需要而设置的人物语言，不宜过多或过于冗长；否则，就会使剧情呆板、枯燥而又沉闷，失去动态感。所以，剧本人物对白越精辟，剧情越生动；对白越少，画面感越强，越具有视觉冲击力。

第五章　新媒体短视频写作

第一节　新媒体短视频概述

一、短视频的定义

短视频就是精短视频,是通过互联网新媒体平台传播,适合于移动状态下观看的一种新型影像传播形式。其时长是 5 分钟左右,单独成片或成系列。

短视频内容通常包含搞笑娱乐、社会热点、情景喜剧、幽默讽刺、街头即景、生活技巧、人生智慧、时尚潮流、公益教育、广告定制等。

二、短视频的特征

较之于微电影,短视频在制作上更为简捷,工序少、周期短、成本低、设备简易、参与性强、传播迅速,可以一个人使用一部手机来完成拍摄制作工作。

短视频力求精短,要求在短到几秒钟、长到几分钟的时间内,将具有一定情趣性和精彩度的内容信息融进去,常常包含悬念、逆转、好奇、笑点、励志等元素。观众在观赏中,可以达到开怀、减负、轻松、温情、感动、顿悟等目的。这不是一件容易的事情。这对短视频制作者的文案策划、脚本创作、演员表现能力来说都是一种考验。

三、短视频的类型

(一)纪录片型

和人类早期的电影是纪录片一样,短视频最早的类型也是纪录片。

(二)情景剧型

依靠精彩搞笑的故事情节吸引受众的情景剧型短视频,占据当今短视频市场很大的一块份额。

(三)网红 IP 型

网红,就是网络红人的简称,是指在现实生活或网络空间因某一事件或行为被网民关注而走红的人。他们拥有庞大的粉丝群体和潜在的目标消费者基数,同时蕴藏着巨大商机。

这种利用网络红人形象在互联网上制作的网红 IP 型短视频,也十分火爆。这类短视频内容贴近生活,以青春偶像、呆萌可爱、搞笑无厘头为主。

(四)经验分享型

经验分享型短视频是指通过展示某个具体事件,让观众从中获得某种经验、某种技能。这类视频往往具有一定的故事情节,使观众寓教于乐而大受推崇。

第二节 新媒体短视频脚本写作

一、短视频的标题

和其他叙事类文体写作一样,短视频的标题制作十分重要。它往往决定着作品传播的影响力和受众的关注度。

好的短视频标题中往往含有悬念、稀奇、煽情、诱惑、扣人心弦甚至匪夷所思等元素,让受众看了标题就会产生强烈的了解欲,迫不及待地点开标题往下浏览或观看,一睹为快。

二、脚本的格式

短视频由于其篇幅和时长的超短性,往往在写剧本的同时将拍摄意图、镜头运用、场景环境、呈现方式等都写进去,也就是说,不是单纯的文学剧本,而是拍摄脚本。其中包括场景"序号",人物所在的"场景",根据不同画面、不同景别运用的"镜头",描绘场景中的"画面",每个镜头拍摄的"时长",每一场戏的人物对白、台词(解说词)等。

第六章 新媒体微文学与文本写作

第一节 新媒体微文学概述

一、微文学的定义

微文学,又叫微型文学、短文学、精短文学,就是用短小的篇幅表达文学作品内容的一种文学体裁。它是在新媒体日益发展繁荣的背景下所诞生的一种新的文学形式,包括微小说、微诗歌、微散文、微杂文、微评论等。

微文学是伴随着微博的兴起而发展起来的,微博的微文学最初规定篇幅在140字以内,而微信版的微文学篇幅在1000字左右。

二、微文学的特征

微文学最显著的特征就是短小精悍、以小见大、微中显著、微言大义。

文学就是人学,是作家对社会与人生的观察和体悟,对复杂的人性的洞悉和诠释,对人类生存状态和生命意义的探究与思索。

微文学表现的是微主题、微思想、微观念、微价值,更多的是聚焦于微人物(小人物)的微生活、微情感、微故事、微世界。微文学以滴水见海、撷叶知林、窥斑见豹的微方式,折射人物的精神面貌、社会状况、人间百态、时代变迁。

三、微文学的优势

微文学的优势是创作便捷、发表容易、传播迅速、受众面广。

新媒体为微文学的创作、发表和传播提供了无限广阔的空间,作者可以在微博、微信、博客等自媒体平台上发表自己的微文学作品。它不像传统的文学作品,发表时受到纸质报刊版面的严格限制。由于刊登文学作品的纸质报刊远远不能满足中国庞大的文学创作队伍的发表需求,因此绝大多数作者创作的文学作品都难以发表,文学思想无处表达。新媒体平台为广大文学创作者的微文学写作提供了极为便捷的条件。

微文学写作有着便捷、快速、高效的优势,作者只要有一部手机或笔记本电脑,在碎片化的闲暇时光里,就可以写微小说、微诗歌、微散文、微评论、微剧本等。作品写好之后,通过微博、微信等自媒体平台,立即发表、快速传播,以满足碎片化阅读时代受众的多元化需求。这是传统文学写作所无法企及的优势。

第二节 新媒体微文学文本写作

一、微文学文本写作要领

网络时代的读者审美情趣和阅读需求都在发生变化,这也使得微文学的文本写作在主题选择、叙述语言和文字表达上,都与传统的文学写作有些不一样。

(一)灵动的文字

微文学作品,是新媒体时代适应人们碎片化阅读的文化"零食"。它不需要深沉晦涩、老辣犀利的言辞,只需要言简意赅、清新灵动的文字。一篇微文学作品只要有一两句谈霏玉屑的语言文字让读者怦然心动就足够了。

(二)机智的语言

快节奏生活的当代人,需要茶余饭后或工作间隙的片刻娱乐,微文学就正得其所。所以,微文学作品的语言风格必须机智幽默、轻松活泼,使读者开怀之间能体悟微言大义。

(三)有趣的主题

在社会竞争日益加剧的今天,人们的生活和精神压力越来越大,微文学作品在主题选择上,也应该考虑读者的阅读需求。应选择富有情趣的、具有实用价值的、能带来愉悦的,可读性、趣味性、知识性、引导性、借鉴性较强的主题。

二、微小说

(一)微小说的定义和特征

微小说就是超短篇小说,最初是以微博为发布平台,限于140字以内。它是新媒体时代产生的一种新型小说形态。

微小说的特征是短小精悍、贴近当下生活、聚焦社会现实、折射时代精神。

(二)微小说写作要领

微小说因篇幅短小,要求故事单一、情节精练、人物不多、描述精到、语言简约、内涵深刻、风格单纯、结构机巧、选材精致、结局意外。

1. 选择节点

微小说因其"微",适合反映生活的某个横断面,这个横断面就是小说的节点,作者通过这个"点"来表达主题内容,塑造人物形象,折射社会生活的本质,反映人们对社会的认知和评价,从而以瞬间的精彩、点滴的思想亮光来感动读者、温暖读者、启迪读者。

2. 强化焦点

要提炼微小说的闪光点,也就是强化焦点。这是照亮小说主题、点亮读者心灵之灯的"灵光"。焦点是文章的内核、全局的枢纽,是微小说的精神和灵魂所在。切勿将焦点淹没在平平淡淡的叙述之中,要运用夸张、渲染、对比、突转、巧合、悬念、重复、照应等表现手法,把焦点的美展示出来。

3. 言简意赅

微小说因篇幅小,不容有丝毫多余的文字,常常用白描的手法进行叙述,将一些与主题无关的描述忍痛割舍。应通过人物的行动、语言展示人物的心理、性格;描写环境也应在叙述故事情节发展时顺带完成,不必另费笔墨去描述。

4. 弦外之音

微小说不仅仅要有一个吸引读者眼球的精彩开头,以及意蕴深长的结束语,还要能含蓄地表达主题的思想内涵,最忌像白开水一样寡淡无味。要虚实结合地给读者留下一些想象、补缺和再创作的空间,让读者去感悟弦外之音,体察境外之景。

三、微散文

(一)微散文的定义

微散文,就是微型散文,最初以微博为载体,通过互联网传播的一种新型的文学体裁。

(二)微散文写作要领

散文是作者记叙亲身经历、所见所闻和感情体念的一种文学体裁,通常采用第一人称手法来书写真实的"我"。

微散文写作,首先,应注重语言的运用,用飘逸隽永、亲切自然的语言娓娓道来,长短句错落有致,体现音韵之美、旋律之美;其次,多用比喻、形容等修辞手法,使情景描绘得更加生动形象。散文形散而神不散,其中的"神"就是感情体验、主题思想。

(三)散文的类型

散文常分为记叙、抒情和说理三种类型。

1. 记叙散文

记叙散文,就是记人叙事的散文。它是以描写人物和记叙事件为主的一种文体,常常在叙述事件的过程中穿插议论或抒情,所谓夹叙夹议。

记人,常选取人物的某个侧面或某个生活片段,来讲述人物故事,描绘人物的个性特征;叙事,常聚焦于几个典型的生活场景叙述事件,借助具象,写景状物抒发主观情感。

记叙散文的开头,常用感情化的语言概括叙述作者"我"和某人的关系,介绍该人时多采用肖像描写、外貌描写等,继而是对其精神气质的议论。

文章的中间部分,围绕着某件事的发生、发展和结局进行详细的描述;或者围绕着某几件事展开叙述,进而对某人的精神气质产生议论;或者将某几件事连贯起来对某人的感情体验进行议论。

2. 抒情散文

抒情散文以抒发作者的主观情感为主,多运用比兴、象征、拟人等表现手法,触景生情、托物言志,所有的景和物都是作者抒发感情的载体。

抒情散文的开头,或讲述作者与景物的关系,或议论景物与作者自身的渊源。

中间部分,写景状物,触景生情,感物咏志。

结尾部分,引发联想,发表感慨,深化主题。

3. 说理散文

说理散文又称议论散文,通常围绕着一个富有哲理意味的中心思想,用抒情、记叙、议论等手法,融汇个人感悟、情感智慧、学养才情,阐明一个深刻的道理。行文可以精骛八极、心游万仞、包罗大千、涵盖万象,给人以哲思与启悟。

四、微诗

(一)微诗的定义

微诗就是微型诗歌,通常是只有几行字的小诗。诗句精短、滴水见海、内涵博大、意蕴深远。

(二)微诗的写作要领

1. 灵感迸发

精美的诗句源自灵感的迸发。所谓灵感,就是指人们在从事文艺、科技活动中,逻辑思维、形象思维和审美直觉瞬间融汇产生富有创造力的突发思维的状态。灵感又叫灵感思维。

灵感来自人们对生活的感悟,是长期的积累和瞬间的迸发,是从抽象到具象的转化过程。

2. 遣词造句

微诗是遣词造句的艺术,好的诗句就是文字和词汇精妙地排列组合。这种组合富有创新意义,充满诗意的无限张力,蕴含无限乾坤。

3. 提炼主题

寥寥数句诗,使人念念不忘、余韵绕梁或令人深受感染、获得启悟,这就是作品主题思想产生的作用。好的主题使微诗熠熠生辉。

4. 营造意境

经典微诗犹如电光火石,以奇诡而又锦绣的意象和意境来点燃读者情感世界的烛光。

意象，就是寓意的对象，它是作者对客观物象产生的独特的情感活动，进而创造出来的一种具有某种特殊含义和文学意蕴的具体艺术形象。

意境，就是意蕴境界，它是诗人的主观感情与诗中描绘的理想图景高度融合而成的一种艺术境界。优秀的诗歌作品大都通过美妙的意境呈现一种瑰丽的艺术境界。意是境的灵魂，境是意的依托。诗人借境生情，情景交融，虚实辉映，浮想联翩，锦句华章油然而生。

5. 巧用手法

微诗要写得出彩、写出创意和深刻内涵，还要巧于运用比拟、夸张、比喻、借代、对偶、排比、设问、反问等各种修辞手法，以及写景抒情、伏笔照应、托物言志、借古讽今、寄景寓意、衬托象征、反衬烘托等表现手法。

6. 寓情于理

微诗的最高境界是情景交融中蕴含哲理。这不仅仅是对于哲理诗而言，一首微诗，在诗情画意的字里行间，蕴含着深刻的哲学道理，它能让读者读过之后，引发一些对人生、命运、社会和世相的思考。这就使作品增加了思想的深度和人文的厚度。

五、微评论

(一) 微评论的定义

微评论，这里讲的是文艺类的微评论，就是运用相关理论和方法，以简练的语言，对各种文艺作品和文艺现象进行分析、体会、探究、评价的一种新型文学体裁。

(二) 微评论的宗旨

微评论的宗旨是揭示文艺作品和文艺现象中的审美价值和思想内涵，探讨文艺创作的方法和规律，从而提高文艺创作水平；同时引导和帮助读者正确理解文艺作品和文艺现象及思潮,从而提高艺术修养和文艺鉴赏能力。

(三)微评论写作要领

1. 精读作品

写好微评论,首先要精读(包括视、听)作品,只有透彻理解和全面掌握作品的内容和思想,才有权发表评论。在深入而精细地研读文艺作品的同时,还要广泛地阅读作者的其他作品和生平信息,从而对作品和作者的创作风格有个完整系统的了解,对其思想内涵有本质的洞悉并产生共鸣,从中引发自己独到的见解。

2. 确定主题

微评论的写作,主题的选择和确立是成功的关键。作者应在广泛而深入地阅读作品的基础上,选择并确定评论的中心议题,明确评论的方向和目标,有的放矢地对评论对象进行品鉴性的批评和论证。

在确定评论主题之前,首先要准确选定有评论价值的作品。不是任何作品都可以拿来评论的。作品本身的思想性、艺术性以及美学价值直接决定评论的价值,它可以帮助和引导读者提高文艺鉴赏力,同时得到美的享受和熏陶。

当然,某些代表另类的、小众的甚至在普世价值衡量下有争议的作品,也是值得评论的。评论这类作品,可以帮助读者从中更为透彻地分辨美丑、真伪与善恶。

在选择评论作品的时候,首先要衡量作品的现实价值,看其对当下社会、对广大读者是否有着积极的意义;同时,注意选取与自己的兴趣、专长、学术背景、研究方向相吻合的,能够把握得住、有所感悟和见解的作品来进行评论。

3. 展开评论

文艺评论通常围绕着以下几个问题进行:

①作品的基本内容,就是向读者陈述作品的具体内容;同时将作品的创作者的经验与自己的感悟相联系,帮助读者更好地理解作品所要表达的内涵。

②作品的主题思想,是在深入阅读(视、听)作品之后,概况出作品的主题思想。

③作品的创作手法,是作者为了准确地呈现作品内容、实现自己的表达目的所运用的创作技巧。分析作者的创作技巧,能帮助读者更好地理解作品。

④作品的创作风格,是文艺作品所体现的鲜明而又独特的风貌和格调。这是作者在作品的不同题材、体裁、艺术手法、表达方式、时代、民族、地域等客观因素影响下的主观呈现。要客观公正地评价一部作品,首先要正确地分析作品的创作风格,从而与读者产生共鸣。

⑤作品的美学价值,指的是文艺作品对读者形成的一定的价值定向。优秀的文艺作品都能够给读者留下一定的美好印象,从而使读者产生美的意境和感受,获取艺术美的熏陶。好的文艺评论往往都能正确地指出作品的认识价值和艺术价值,积极地引导读者正确认识和理解作品的思想内涵和主题意义。

微评论写作,首先要求写作者要有鲜明而又正确的观点,对作品的优劣与成败得失要有一个准确的判断和评价,这是微评论的中心论点。其次,必须具备充分而有说服力的论据,对作品的故事情节、人物形象、艺术手法、语言风格、细节表现等进行细致入微的分析,引用准确可靠的、具有说服力的论据材料来论述自己的论点。其次,要善于运用科学的、符合逻辑推理的论证方法(演绎法、例证法、对比法、类比法等)进行论证。最后,要与时俱进,文艺观念和思潮随着社会的进步和时代的变化而不断更新,文艺评论的理论和术语也随之不断更新,所以要不断学习新的文艺理论、语言学、修辞学和美学等相关知识,使评论紧跟时代步伐,并且富有文学性和时代感。

第七章 自媒体平台与文本写作

第一节 自媒体概述

一、自媒体的定义

自媒体,顾名思义是自己的媒体,其英文名:We Media,原意是我们的媒体。自媒体又称"公民媒体""个人媒体",是指私人化、平民化、普泛化、自主化的传播载体。通过现代化、电子化的手段,向公众或个体传递信息的新媒体的总称。自媒体就是公民用来发布自己的所见所闻、所想所思的信息传播平台。

自媒体时代,每个人都可以拥有摄像机、麦克风、发布平台、传播载体,每个人都可以交互性、自主性地向自媒体平台发布新闻事件的信息,每个人都可以是记者、新闻传播者和受众。从此,新闻不再是报社、电视台、电台等传媒的专利。

二、自媒体的特性

(一)普泛性

当今全民皆媒时代,人人都可以拥有自己的媒体——"网络报纸"(博客)、"网络广播"或"网络电视"(播客)。人人都是"记者""总编""台长"。无论你是平民百姓还是社会显达者,只要手里有一部智能手机或笔记本电脑,就可以随时随地发表自己的见闻趣事、奇思妙想。

(二)简易性

自媒体操作十分简易,用户只要在腾讯、网易、新浪、优酷等提供自媒体平台服务的网站上注册申请,就可以发表文字、图片、视频、音频等信息。它不像传统媒体(报纸、电视、广播等)需要一个庞大的专业人才队伍进行日常营运和维护。中国的新闻出版实行三审制,一篇报道要经过严格的初审、复审、终审程序之后,才能见诸报刊或在电视、广播上播出。

(三)迅捷性

自媒体从信息采集到发布,都是私人化、自主化的行为,随时随地都可以发表。信息一旦通过自媒体平台发表,就可以迅速传播给世界各地的网友。不像传统媒体要经过三审三校、排版印刷、运输发行这些必经的程序,受众才能从中获知信息。

(四)交互性

自媒体将信息传播给受众,受众可以与作者互动,对信息中存在的问题提出看法、发表评论,指出文本错漏之处,作者可以及时纠错,对文稿进行修改、替换或更新。传统媒体如发生错漏,必须在第二天的媒体上发布"更正启事"进行勘误。

(五)无限性

自媒体是虚拟空间,无论何时何地,都可以自由地、无限量地发布自己的信息。它不像传统媒体那样存在发稿时间限制、媒体版面或栏目限制、传播区域限制等各种客观条件局限。

三、自媒体的优势

(一)信息多元

自媒体传播日渐成为全民获取资讯的主要渠道,传统媒体的声音由绝对主流强势渐渐变弱。公众不再通过一个"统一的声音"来获知事物的真相,人人都可以通过自媒体海量的、多元的、全景式的信息,对事物进行甄别、思考和认知。

(二)自主地盘

自媒体写作者在自己的平台上,撰写什么内容、何时发表,都是自己做主,就像在自己的领地上无论是栽花还是种草,都与别人无关。它不像传统媒体要经过三审三校、逐级申报。

(三)细分受众

自媒体信息在互联网传播过程中产生渗透效应,使受众细分和过滤,特定的内容和风格吸引着潜在的目标客户群体。受众人群泾渭分明。这就使广告商得以将产品理念、广告信息精准投放给目标消费者。

(四)共鸣效应

自媒体受众的聚合源于某些共同的喜好和关注,他们有着相近的年龄段和相似的人生经历。一旦某个热点话题在自媒体上传播,自然会引起这些受众产生共同的想法和观点,在互动过程中形成"蝴蝶效应",产生一定的影响力。如果融合商业元素,自然会产生较好的经济效益,创造理想的商业价值。

四、自媒体的弱点

首先,自媒体传播由于门槛低、自主性强、传播迅速、影响面大,因此自媒体写作者综合素质良莠不齐,自然存在一些安全隐患,给政府的监管工作增加了一定的难度。

其次,在自媒体传播过程中,自媒体写作者出于博取"粉丝"关注或利益诱惑等种种原因,杜撰或转发虚假信息,造成社会恐慌,侵害个人或群体利益,破坏社会和谐与安宁,损害新闻传播的正常秩序。

最后,自媒体虚假新闻信息的传播,使不明真相的网民盲目跟风、以讹传讹,破坏了社会的公序良俗,误导了公众的认知和评价,助长了社会的歪风邪气,严重影响了社会主义精神文明建设。

五、自媒体平台的形态

互联网平台上的主流自媒体表现为个人微博、微信、日志、主页等。

目前,自媒体平台的主要形态有:博客、微博、微信、微信公众平台、头条号、企鹅媒体平台、一点号、百度百家、大鱼号、网易号、搜狐号、新浪看点、论坛等。

(一)博客

博客,英文名:Blogger,音译为部落格,又称网络日志。

博客是一种以网络为载体,由个人管理,不定期在虚拟空间发布文章与他人进行交流的综合性平台。比如新浪博客、搜狐博客、网易博客、天涯博客、凤凰博客等。

大多数博客内容以文字为主,也有一些主打艺术、摄影、视频、音乐等主题性博客。博客网站会提供图片、视频、音频等上传发布的模块功能。人们可以借助这些功能软件,在网络上张贴、发表自己的帖子、文章或著作。

通常较有影响力的博客,都在内容上进行类型化区分,比如新闻、娱乐、时评、美食、旅游、时尚、情感、两性、文学、专业、学术等。除此以外,还有一些比较个性化的,记录个体生活、情感经历之类的日志性的博客。

博客是以最新上传的文章居首,按时间顺序倒序排列。博客可以将文字与图片、视频、音频融合在一起,与广大读者交流互动,读者可以收藏、转发和发表评论,还可以通过博客的"加好友""发纸条""写留言""加关注"等端口与博主进行联谊和一对一的交流。所以,博客还有着一定的社交平台的功能。

(二)微博

1. 微博的概念

微博,就是微型博客(Micro Blog)的简称。

微博是一种通过电脑、手机等多种形态的网络终端分享简短实时信息的自媒体交流平台。

2009年8月,中国最大的门户网站新浪网推出"新浪微博"内测版,微博正式成为中文上网主流人群的热门社交平台。

2. 微博的特性

(1)平民性

微博让每一个使用者都成为新闻信息的传播者,随时随地向世界倾诉和表达。

(2)便捷性

微博注册简单、操作简便,技术要求低,只要会用手机发送短信,就可以成为微博的博主,用微博发布信息供他人分享;同时也可以在微博上浏览他人的信息。它不像写博客,动辄数百字、上千字。微博的容量仅限140字符,用简短的文字随兴表达、迅速传播。

(3)原创性

由于微博的精短性、便捷性,这就决定了它是人们随性地用简短的文字,实时分享有价值的原创信息。绝大部分微博文章内容都是博主自己首创的,极少转载、模仿或抄袭互联网上早已存在甚至广为流传的信息。

随着微博在全世界迅猛发展,我国成为全球微博用户第一大国。微博作为公众的社交平台,具有新闻传播、舆论引导等多种功能,微博渐渐成为不同利益群体表达诉求的重要平台,也容易产生负面或不良的舆论导向。我国自从开通互联网以来,实行用户匿名注册制,但是相当一部分微博用户的道德、法律自律意识不强,有的人在言论自由的幌子下散布谣言，致使微博侵权事件频频发生。

(三) 微信

微信是腾讯公司于 2011 年 1 月 21 日推出的一个为智能终端提供即时通信服务的免费应用程序。

微信支持跨通信运营商、跨操作系统平台通过网络快速发送语音短信、视频、图片和文字，同时，也可以使用通过共享流媒体内容的资料和基于位置的"摇一摇""漂流瓶""朋友圈""公众平台""语音记事本"等社交服务插件。

1. 微信的功能

(1) 聊天，支持发送语音短信、视频、图片（包括表情）和文字，支持多人群聊。

(2) 添加好友，微信支持查找微信号、查看 QQ 好友添加好友、查看手机通讯录和分享微信号添加好友、摇一摇添加好友、二维码查找添加好友和漂流瓶接受好友等七种方式。

(3) 实时对讲，用户可以一对一或与多人进行实时语音或视频对话，并且不会留下任何记录。

2. 微信公众平台

微信公众平台，简称公众号，就是利用公众账号平台进行的一对多的自媒体活动。

一些商家通过申请注册公众号，开展商家微官网、微会员、微推送、微支付、微活动、微报名、微分享、微名片等线上线下微信互动营销。

微信公众平台主要提供实时交流、消息发送和素材管理等功能。用户可以对公众平台账号的粉丝进行分门别类、分组管理，开展实时交流和互动，还可以通过编辑模式和开发模式等高级功能对用户信息进行自动回复等。

(四) 头条号

头条号，曾名为"今日头条媒体平台"，是北京字节跳动科技有限公司于 2013

年上线的一个媒体、自媒体平台，也是今日头条针对媒体、机构、企业以及自媒体推出的专业信息发布平台。

头条号具有以下特点：

(1)智能推荐,让受众快速获取海量移动阅读用户信息。

(2)原创保护,具有业界领先的双重保护机制,降低了抄袭、剽窃等侵权概率。

(3)入驻简便,移动互联网用户只要是符合要求的机构、媒体、自媒体登录头条号网站,填写相关资料后提交申请,通过审核后即可入驻头条号媒体平台。

(五)百度百家

百度百家,是百度旗下的自媒体平台,于2013年12月24日正式上线。它是百度为内容创作者提供的内容发布、内容变现和粉丝管理平台。

为了简化广大百度百家作者的发文流程,2017年5月27日,百度百家平台与百家号进行全方位合并。百家号的使命是帮助内容创作者"在这里影响世界"。"百度百家"根据流量数额给予入驻作家分享广告收成。

首批入驻作家采取被邀请机制,以最大限度地保证原创内容的质量,避免原创作品鱼龙混杂。

百度百家所邀请入驻的作家阵营涉及互联网、时政、体育、人文等多个领域,并且为入驻作家开发了可视化的专用CMS内容管理系统。

(六)大鱼号

大鱼号是2017年3月31日,由UC订阅号、优酷自频道账号两家合并升级而成的一个自媒体平台。大鱼号为内容创作者提供通行阿里文娱平台的账号,为内容生产者提供"一点接入,多点分发,多重收益"的整合服务。原UC订阅号、优酷自频道账号统一升级为"大鱼号"。

升级后的"大鱼计划"将由大鱼奖金、广告分成、大鱼合伙人三部分组成,采用分级激励方式运营。

第二节　自媒体文本写作

一、自媒体文本写作要领

自媒体的文本写作包括自媒体常规文本写作和自媒体软文文本写作两大部分。由于它们的写作意图、价值取向、传播平台、受众群体等诸多因素不一致,其文本的写作手法、文本结构、语言风格、内容导向也各不相同,分别有着相应的写作方法和要领。

二、自媒体常规文本写作

(一)标题写作

常言道:标题是文章的眼睛。网络时代,人们的阅读习惯日渐多元化,普遍倾向于碎片化阅读。其显著特点就是标题式阅读,标题是否精彩或者是否适合读者的审美情趣,往往是决定读者是否愿意点开标题继续阅读正文的关键。

因为人们打开网页就会看到大量的文章标题簇拥在一起,如果你的标题没有足够吸引眼球的字眼,即使文章写得再精彩,也会被读者所忽略。所以,对于自媒体写作而言,标题写作至关重要。

那么,如何写好标题? 有何规律可循?

1. 引人入胜

标题往往是一篇文章内容的高度概括,它能够提纲挈领地彰显文章内容的精华。所以,标题中一定要有文章核心内容的关键词,从而能预先体现文章的焦点、热点、卖点、闪光点。标题应尽可能地凸显文章与众不同的信息,以吸引读者卒读全篇。

2. 亲切自然

文章标题讲究朗朗上口,有人情味、口语化,不能咬文嚼字、冷僻晦涩。要求措辞准确、通俗易懂、富有个性,使读者过目难忘。

3. 富含信息

与报纸、电视、广播等传统媒体的标题不同,传统媒体文章标题追求高度凝练,通常在 13 个字以内;而自媒体文章为了博得更多读者的关注,尽量使标题中蕴含更多的关键性的、暗示性的信息,字数要求不会那么严格,通常是 20 字左右。

4. 巧用动词

自媒体文章标题尽量使用动词,这样能够增添文中事物发生、发展的动态感。读者通过动词的内涵形成某些联想和通感,从而不同程度地对文章产生某种揣测或寄予一定的期望。

5. 切忌虚词

标题中切忌使用不能表达完整意义的虚词(介词、连词、助词、语气词),标题本身要求精短,惜字如金,如果加上一些不能代表实际意义的之、乎、者、也、的、得、地等虚词,就会显得不凝练、不严谨而失去关注度。

6. 题文相符

标题切忌华而不实、哗众取宠甚至文不对题,这样会给人以"标题党"的印象,即便是引起读者的好奇心点开文章一看,读者也会有一种"货不对版"、上当受骗的感觉,文章就会得到网民的差评。长此以往,网站自媒体管理人员可能会依据相关规定将你的自媒体平台关闭。

（二）自媒体正文写作

1. 惊艳开篇

当读者点开你的文章标题进入正文，说明读者有了了解文章详细内容的欲望。而如果文章的第一段尤其是头一两句话流于平庸，则难免会使读者放弃阅读此文，而去寻找他们所需要的文章。所以，自媒体文章开篇之语一定要精彩脱俗、先声夺人，让读者对下文充满期待，只有这样才能紧紧抓住读者的眼球，使之继续阅读下去。

2. 原创至上

优秀的文章必须是个人独立思考的原创作品，如果你觉得他人的文章与你的文章主题相吻合，可以将其中的精彩片段引用于你的文章中，但必须注明出处，同时附上链接网址。

3. 真情抒发

文艺作品唯情感人。好的文章或抒发作者自己的真情实感，或展示个人的真知灼见，或讲述个体生命对大千世界的独特感悟……每一篇优秀的文章往往就是一个独特的、私密的、鲜为人知的精神家园，博主将自己的人生梦想、心路历程、今生之憾甚至是切肤之痛等，和盘托出给博友，以求得分享、交流与共鸣。

4. 生动幽默

自媒体文章力求生动活泼、简洁明快、风趣幽默，尽可能使读者产生浓厚的兴趣并参与其中展开讨论、交流与互动，引发读者的情感共鸣。

5. 信息确凿

令人信服的好文章，往往都是以事实说话。如果是新闻资讯类的文章，对文中涉及的一些新闻事实、信息数据的来源都要有确凿的出处。否则，难以服人，也将使你的文章失去可信度和权威性。自媒体文章可以将其他网站与自己文章主题相关的网址进行链接,这样不仅使读者得到拓展性阅读,也增加了文章内容与主题的宽度与深度。

6. 分类明晰

为了便于读者检索,文章一定要根据内容版块(新闻、娱乐、文化、体育、美食、旅游、时尚、情感、文学、艺术、生活等)进行准确的分类。读者根据分类通过关键词搜索,能够顺利地查找和浏览到你的文章。

7. 图文并茂

文章写好之后要精心排版,尽量考虑网民"浅阅读(浅表性地阅读,无须深入思考)"的习惯,精美的文字配以悦目的图片,图文辉映。版面的背景色不宜用冷色调和暗色调,多用人们喜闻乐见、温暖明快的色调做背景。

8. 建立链接

自媒体文章写好之后要在文章末尾建立相关链接,使你的文章内容变得更加丰富,信息更加翔实。读者从不同的文章中立体直观地了解相关的信息,拓宽了视野和知识面;同时通过相关信息链接印证了你所写内容的真实性和权威性,也奠定了你在某个领域的专业地位,自然,你的自媒体平台订阅粉丝也会得以扩展。

9. 文本整洁

文章写好之后不要急于提交,要精心排版、反复审读,在审读过程中修正错漏之处,优化语句章法。杜绝错别字、语法错误、修辞不当、不符合逻辑等问题出现,因为这些问题将严重影响读者对你的文章内容和主题思想的正确理解,同时对你的人文素质的评价也将大打折扣。

作为实时分享和交流平台,微博比其他自媒体形态更强调时效性和即兴性,它能够及时表达写作者最新的思想和动态;而博客之类的自媒体文章更注重自媒体用户一定时期内的见闻体验和思想感悟。

三、自媒体软文写作

(一)软文的概念

软文是相对于硬性广告而言的,精心策划、撰写的将宣传内容和文章内容精巧地融合在一起,达到某种宣传效应的含有软性广告的文字。好的软文往往是美文和广告的完美结合,既让商家满意,又令受众喜爱。

(二)软文的优势

缘于新媒体多元化发展,软文营销模式越来越受商家青睐。原因有三:一是媒体世界到处充斥着令人厌恶的硬性广告,软文这种创新优美的宣传方式,备受推崇;二是相对于硬性广告而言,软文的成本投入要低得多,其性价比却比硬性广告要高得多;三是软文的企划智慧,通过精美的图文,软文在自媒体传播过程中既能巧妙而准确地演绎甚至拔高某个品牌的形象,满足了商家的诉求,又在目标消费者心中留下了一定的好感或美誉。

(三)软文标题写作

自媒体软文写作与常规文本写作一样,标题是决定软文成功与否的关键。它影响着软文植入品牌的精准用户、目标消费者对文章的阅读兴趣。

1. 自媒体软文标题写作要领

(1)新奇取胜

在当今这个信息泛滥的时代,一个新的品牌理念要想博得人们的关注,是一件十分困难的事。但是,对未知事物的好奇,是人类与生俱来的天性。在营销某个品牌时,事先策划、制造某个新奇的、具有新闻价值和社会影响力的话题,在软文标题中,凸显新奇话题的关键词,这样,即使是一个名不见经传的品牌,经过软文在自媒体平台上推广,也会引起一定的社会关注度,甚至会让人记忆深刻。

(2)借情说事

策划一个催人泪下的情感故事,将软文宣传的品牌理念巧妙地融入故事之中。在标题中要显露出故事精彩内容的端倪,以吸引读者阅读全文。

(3)悬念引力

软文的故事化演绎是被公认的营销上策,但是在标题上必须留下悬念,使读者在简短的暗示性、启发性的标题文字中,能够产生对故事的揣测和期待解密、求得真相的心理,从而细读全文。

(4)名人效应

在软文中运用名人效应实现商家的营销策略,屡见不鲜。以美容、养颜、护肤、养生、保健类的软文居多。借助于家喻户晓的影视明星、社会名人的故事来做软文中品牌的宣传载体,以博得社会的普遍关注。从而达到品牌价值最大化的推广。

(5)巧用热点

软文与新近发生的社会热点问题、网络流行用语、娱乐时尚等巧妙地联系起来,利用这些社会普遍关注的事物来吸引读者的注意力,从而带出商家所要张扬的某种商业理念或品牌意识。作者将这些关注热点,别出心裁地糅合在软文中出现,读者通过搜索引擎可以很快发现文章,从而实现高搜索率、高浏览率和高转载率。

(6)文化包装

企业的营销宣传,实际上就是文化价值的最大化输出。即对企业品牌进行文化包装和宣传,使企业的精神内涵、文化理念和社会形象得以立体地展示。这在竞争日益加剧的今天意义非凡,所以文化包装使商家趋之若鹜。

软文通常借助与运营品牌内容相吻合或意义相近的名人格言、经典诗词、成语典故、流行歌词、网络热语来制作标题,使本来默默无闻甚至乏善可陈的企业品牌穿上文化盛装,从而使"文化内涵"的外衣不同程度地掩盖了"广告宣传"的实质。

2. 软文的正文写作要领

(1) 有的放矢

软文写作首先要对软文所宣传的产品或品牌的消费群体进行精准定位。只有明确目标消费群体的年龄、性别、文化层次等概况，才可以量身定做适宜于这个人群的阅读习惯和审美情趣的文章。同时，应有针对性地选择适合这个特定人群的相关网站自媒体平台发布软文，从而达到精准投放的目的，不可漫无边际。

(2) 声东击西

从事软文写作，在某种意义上来说，就是一个和读者"斗智斗勇"的过程。如果让读者窥破你的软文的广告宣传意图，你的文章就会立即被人们所忽略和冷落，甚至使其产生反感和厌恶。所以，写软文还需要"声东击西"、顾左右而言他，以分散甚至"麻痹"读者的注意力。品牌理念巧妙地植入于娓娓道来的故事情节里，而且要点到为止，不动声色，切忌流露广告痕迹。

(3) 彰显情怀

许多保健品、美容品广告一直打着情感牌，紧紧围绕着"孝心""爱心""爱情""亲情"主题，不厌其烦地反复出现在各大主流媒体的广告时段（版面）里。为什么？因为，真情最能打动人心，直击人性中最柔软、最脆弱的部位。所以在软文中，将商业品牌与文章中的温情故事有机结合，使读者在被感动的同时，不知不觉中接受了品牌的某种宣传理念。

(4) 立意高远

软文尽管是从某个具体事件或细小故事情节着手，但是微言大义、滴水见海，给读者展现出一个具有高尚境界的立意——或弘扬人性的美好，或关乎黎民百姓的冷暖，或有关社会责任与担当……这就使软文的品牌宣传既脚踏实地、亲切可感，又具有一定的品位、格调和境界。

3. 软文写作步骤

(1) 熟知行情

软文写作首先要考虑所植入产品或品牌的宣传效果。这就要求写作者必须对产品、企业进行研究,了解企业文化、品牌精神以及相关人文价值,同时深入了解和分析市场背景和现状,把握市场行情。写作者要熟悉目标消费群体的消费心理和习惯,只有做到知己知彼,才能量身打造或"对症下药"地策划软文主题以及最佳媒体推广方案。

(2) 选择主题

主题的选择对于软文写作来说十分重要。策划软文主题首先要准确了解并掌握目标消费群体的普遍特点,再确定软文的主题思想以及植入产品或品牌的理念和内涵,使其有机融合。

(3) 写作软文

软文写作者,在熟知行情并选定了主题的前提下,开始软文写作,依照上述软文写作要领,精心制作标题,潜心打磨正文,要做到在密密麻麻的文章标题中,鹤立鸡群、引人注目,进入正文后又能够令人耳目一新甚至耐人寻味。

(4) 发布平台

当今融媒体时代,随着市场的细分化,网络自媒体的读者群体也有分门别类。不同年龄、性别、职业、文化层次的读者群有着不同的网络自媒体平台。所以,选择软文发布的理想平台,是万里长征的最后一步。软文要选择主题内容与发布媒体类别、风格以及目标读者群体相吻合的平台发布。

4. 软文写作的禁忌

(1) "有眼无珠"

标题是文章的眼睛,眼睛是人类心灵的窗户。标题无疑在软文中占有举足轻重的地位。标题不吸引人,正文纵然是锦绣华章,读者也不会点开阅读。所以,一篇软文,标题不好形同有眼无珠;相反,如果标题给力,就使软文锦上添花。商家的宣传效应、企业形象、营销业绩、网站人气都会直线上升。

(2)杂乱无章

一篇好软文,必须具有鲜明的主题和清晰的章法,使读者一目了然,或为主题亮点、或为精彩内容、或为独特的叙述语言、或为新颖脱俗的文本所打动。如果正文杂乱无章、言之无物,即便是采用"标题党"的做法,引诱读者点开正文,发现标题与文章内容不符甚至风马牛不相及,也会使其产生上当受骗的感觉。这样的软文对商家适得其反,对发布的自媒体平台也有害无益,只会无人问津甚至招致差评。

(3)缺乏凝练

软文写作的原则就是在精短的篇幅里准确有效地向精准客户传达商家所要推广的商业信息。如果软文漫无边际地洋洋万言,就与当今读者快餐式、碎片化的阅读习惯大相径庭,自然会无人问津。

(4)无的放矢

发布平台的选择也是决定一篇软文成功与否的关键。如果一篇软文,标题诱人、正文精彩,与植入的商业元素融为一体,可是没有选择最合适的自媒体发布平台,也将是前功尽弃。

第八章　新媒体编辑概述

新媒体时代的到来,使信息的传播途径更为多样,信息的呈现形式更为丰富。新媒体传播的及时性、交互性、多媒体、数字化、便捷性等应用特征,使公众对新媒体的接受程度和依赖程度都大幅提升。越来越多的人从新媒体中主动搜寻或被动接收信息。在信息冗杂的当下,如何甄选信息、加工信息,制作出让受众喜闻乐见的新闻信息,就成为新媒体编辑不得不思考的问题,而这一切都必须以提升自己的专业能力与综合素养为前提。

第一节　新媒体编辑工作

一、新媒体概念及特征

新媒体就是在现阶段其核心是利用数字技术、网络技术,通过互联网、宽带局域网、无线通信网、卫星通信系统等渠道,以及电脑、手机、数字电视机等终端,向用户提供信息和娱乐服务的传播形态。严格地说,新媒体应该称为"数字化互动式新媒体",它涵盖了所有数字化的媒体形式,包括所有数字化的传统媒体、网络媒体、移动端媒体、数字电视、数字报纸杂志等。

新媒体与传统媒体相比,具有交互性与即时性,海量性与共享性,多媒体与超文本,个性化与社群化等特征。这些特征使得新媒体在传播信息时有很多优势。比如,传播与更新速度快,成本低,信息量大,内容丰富,低成本全球传播,检索便捷、多媒体传播等。

二、新媒体编辑

新媒体编辑是指有资质的新媒体充分运用各种新媒体传播手段,对新媒体信息传播的内容和形式进行选择、鉴审、加工、制作、设计、策划、组织,并通过各种新媒体传播渠道呈现出来的活动。同时,从事编辑工作、编辑活动的人员及其相对应的岗位,都可称为新媒体编辑。新媒体编辑主要分为企事业单位新媒体编辑与专业媒体单位新媒体编辑。专业媒体单位主要传播新闻信息,所以,狭义上又可称为新媒体新闻编辑。企事业单位主要是围绕企事业单位宣传及产品推广需求所进行的信息传播编辑工作。通常设立内容、运营、媒介等岗位。

(一)企事业单位新媒体编辑岗位介绍

不同的企事业单位设立的新媒体编辑岗位不尽相同,种类繁多,这里重点介绍三大岗位。不同岗位编辑具体所负责的工作内容有所差异,不同岗位之间既相互合作又各司其职。

内容岗一般都会有选题会,用于讨论选题。在确定好选题以后,编辑要列出文章框架。然后负责进行材料收集、文章的撰写、校对,校对完以后排版、插入对应的图片,拟制标题,负责推送。在内容岗位上的编辑需要时刻盯着留言区,盯着后台。很多单位都会要求编辑在内容推送后的一小时内必须要紧盯后台留言,必须要及时回复。

运营岗编辑需要负责线上运营和线下运营。比如说线上内容策划,社群管理与运作。线下活动策划,让社群的用户自己活跃起来,提供一些产品反馈;在产品上线的时候,主动帮助扩散。运营工作比较琐碎,要求懂得多,什么都要涉猎。一般运营都要有组织策划能力、基本的谈判能力、基本的设计能力等。比如,根据用户群体先出活动方案,然后和甲方沟通确定方案,方案确定后,组织编辑、设计的同事进行方案的实际落地执行,所以运营人员要懂一点设计,懂一点编辑,这样才能更好地评判他们的工作,并给出更好的意见。另外,资深的运营人员都很擅长捕捉用户心理,找到当下用户的痛点,并迅速做出反应,策划出相应的活动,以寻求最大曝光。

媒介岗编辑负责收集整理一些媒介资源,建立媒介库。还有就是通过建立媒介库,反推媒介资源可以匹配哪些合适的产品,是不是可以建立一定的联系。当然做媒介的时候,还需要与日常的资源方建立良好关系,这也是非常重要的。因为所有的产品生产出来之后,都是需要推广的。那么,产品市场销售可能是由内容部门、运营部门和媒介部门来分担。

(二)新闻媒体单位新媒体编辑工作介绍

这一类新媒体编辑属于互联网新闻信息服务单位的从业人员,是指互联网新闻信息服务单位中专门从事互联网新闻信息采编发布、转载和审核等内容管理工作的人员。《互联网新闻信息服务单位内容管理从业人员管理办法》中所称互联网新闻信息服务单位,是指依法取得互联网新闻信息服务许可,通过互联网站、应用程序、论坛、博客、微博客、公众账号、即时通信工具、网络直播等形式向社会公众提供互联网新闻信息服务的单位。提供互联网新闻信息服务单位又包括传统新闻媒体单位和商业新闻网站两大类。所以,这类新媒体编辑是一个特指概念。比如,《人民日报》、新华社、中央广播电视总台等传统新闻媒体单位的新媒体编辑,新浪、搜狐、一点资讯等商业新闻网站的编辑。本书探讨的新媒体编辑业务主要指这类。

三、新媒体新闻编辑的职业特点

(一)兼具被动性与主动性

编辑这一角色自身就有一定被动性,因为,他们往往是对已经基本成形的新闻产品进行最后的加工,无论这种加工具有怎样的创造性,都是以他人的工作成果为基础的。很多门户网站新闻内容是建立在购买有新闻采编资质的专业新闻媒体内容版权基础上的,因此,在新媒体新闻编辑中,对新闻内容加工的有限性和被动性是存在的,有时也显得很突出。

但新媒体新闻工作也赋予了编辑更大的主动性。

这种主动性首先表现为新媒体编辑在稿件的整合过程中,可以对稿件之间的关联性进行梳理。例如,通过一个新闻报道单元来更完整地报道一个线索复杂的事件,以此帮助受众更好地理解各种新闻事件和社会性现象之间的关系。这种梳理,包含了主观的选择、判断,是主动性的一个重要方面。

这种主动性还表现为,新媒体编辑可以创造性地进行新闻专题的策划与组织,化被动为主动。在这种主动性的作用下,新媒体编辑可以策划出与众不同的专题,即使是同样的选题,也可以通过内容的选择与整合方式表现出新媒体的个性,表现出编辑独特的观察视角。

围绕新闻组织评论也是新媒体编辑主动性的一种表现。评论是深化与解读新闻的一个重要手段。根据稿件的需要来选择合适的评论,可以更好地表现编辑的传播意图,引导受众。

组织互动也是发挥新媒体编辑主动性的一个重要方面,新媒体编辑不仅要设计出好的互动形式、管理好社区,还要充分挖掘受众在互动过程中形成的各种资源,将它们与新闻传播活动充分结合起来,使之释放出更大的能量。

新媒体编辑工作的主动性,还将随着对新媒体新闻业务认识的深化而不断丰富与加强。

(二)兼具整合性与原创性

由于受到国家相关政策的约束,新闻网站目前在采访方面的空间有限,因此,新媒体新闻编辑工作更多体现为对传统媒体报道内容的整合。很多人感叹,新闻网站没有自己的原创。但是，如果我们从广义而不是狭义方面去理解原创，就会发现，事实上网络新闻工作总是蕴藏着丰富的原创空间。

有研究者认为，新闻的原创表现在以下几个方面：

(1)新闻内容的原创性。主要表现在独家报道，特别是对重要新闻的第一时间报道和独特视角的报道等。

(2)新闻组合结构的原创性。相关新闻信息间的组合配比方式以及整个媒体的新闻信息与相关背景资料的布局方式等。

(3)传播方式的原创性。主要是指传播新闻的技术手段。

除了以上几个方面原创外，新闻评论也是原创的一个重要方式。

因此，新媒体新闻的原创性目前主要可以通过以下几个方面得以实现：一是专题、二是评论、三是形式再包装。这些都为新媒体编辑提供了足够的创造空间。

充分理解新媒体新闻编辑工作的原创性，有助于编辑的主动性与创造性的发挥，也是不断提高新媒体新闻水平的重要基础。

(三)把关的重要性更强

新媒体传播的特点，使一些人认为，在新媒体中不再存在"把关人"，这是认识上的一种误区。事实上，新媒体新闻编辑就是新媒体中最主要的"把关人"之一。尽管看起来很多编辑只是在做新闻的"搬运工"，即将新闻从别的媒体转发到网站，但是这种搬运工作也是把关的一种体现。转发什么样的新闻，不转发什么样的新闻，将什么样的新闻放在什么样的位置，都是把关的具体表现。

(四)跨专业、跨媒体

互联网既是一个传播媒体，又是一个技术平台。运用互联网进行新闻发布，不仅需要良好的新闻素养，还需要一定的技术能力。这包括：①互联网资源的利用能力；②互联网新闻发布系统的运用能力；③基本的网页制作技术等。

同时，新媒体新闻编辑需要能胜任不同类型信息的处理工作，包括文字、图片、图表、音频、视频、动画等，这样才能满足多媒体化新闻工作的要求。

除了内容的生产外，新媒体编辑还需要完成大量的互动组织工作，这需要传播学、社会学、社会心理学、管理学等各种知识的支撑。

因此，新媒体新闻编辑工作是跨专业、跨媒体的，对于编辑的知识结构、技能结构等都提出了很高的要求。

四、新媒体新闻编辑工作主要内容

新媒体新闻编辑工作内容十分丰富。总体上看，工作可以分为四个层面，即新媒体新闻报道活动的策划、新媒体新闻的选择、新媒体新闻的加工以及新媒体新闻的延展。

(一)新媒体新闻报道活动的策划

策划本身是一种程序，是一种脑力劳动，是属于未来的事物，也就是说策划主要是针对未来所发生的事物进行决策。换句话说，策划就是对事物的因果关系进行多方面的分析，使用更多的可衡量的措施。在新媒体生态环境中，由于竞争的激烈性以及未来形势的严峻挑战，这些都需要编辑工作有更多的创新。新闻报道策划作为在实践中使用最为频繁的微观策划活动，在当前的新闻竞争中正发挥着越来越重要的作用。所以，精心组织和策划新闻报道活动已成为新媒体编辑工作的首要任务。

(二)新媒体新闻的选择

新媒体新闻的选择是对纷繁复杂的信息进行筛选与价值判断的过程，同时也是一个把关的过程。

新媒体新闻的选择不仅要考虑到新闻自身的真实性与价值，也需要充分考虑新媒体的定位及其所服务的受众对象的需要,而所有工作都要在相关政策与法律体系的基本框架下进行。

(三)新媒体新闻的加工

新媒体新闻的加工,是对传统媒体新闻编辑经验的继承与发扬,它是保证新闻质量的一个重要步骤。

新媒体新闻加工的另一个目标是使新闻更好地适应自己的目标读者需要以及新媒体新闻传播的特点,这包括对于新媒体新闻信息的外在形式进行一定的改造。

此外,由于新媒体的多媒体特性,新媒体新闻加工的对象已不局限于文字稿件,还包括图片、图表、音频、视频、动画等,这对新媒体新闻编辑的素质提出了新的挑战。

虽然单篇稿件的加工是新媒体新闻编辑工作的基础,但是,发掘新闻之间的内在联系,用更有序的方式呈现新闻,是提高新媒体新闻竞争力的重要途径,它也是新媒体新闻编辑的更高追求。

新媒体新闻的整合分为内容上的逻辑整合与形式上的整合。

新媒体新闻的内容整合,又可分为三个层面:挖掘各种新闻或信息之间的内在联系——基本层面;策划新闻专题与组织报道——中间层面;构造整个新媒体内容框架及整合各类媒体内容资源——宏观层面。

(四)新媒体新闻的延展

虽然新闻稿件的基本加工与整合是新媒体编辑的主要任务,但是,新闻编辑的视野不能局限于已有的稿件中,新媒体新闻需要通过不同的方式加以延展。

新媒体新闻的延展既可以指微观层面单一新闻报道层面的拓展,也可以指宏观层面的新媒体新闻编辑工作的延展。

从微观层面来说,就是需要通过评论、互动及社交媒体等多种手段的有机结合,来解读、延伸与发展新闻报道,形成一个更加完整、丰富的新媒体新闻传播体系。并通过有效的方式来评估传播效果,根据需要对传播手段与方式做出相应的调整。

从宏观层面来说,除了新媒体新闻稿件各种方式的编辑工作外,新媒体编辑还需要有效地开展新闻评论的组织、新闻论坛的管理、受众调查的实施、新闻传播效果的评估、受众的互动等工作。

此外,一些新的技术也在不断拓展着新媒体传播的手段与途径,它们也是新媒体新闻延展的另一个层面。

第二节 新媒体编辑应具备的素质

随着新媒体时代的到来,新闻传播模式经历着翻天覆地的变革。从社交自媒体到专业的新闻客户端,再到 VR 全景以及视频实时回传直播……如今,新媒体编辑的工作不再是"剪刀+糨糊",新闻发布的快捷性、新闻信息的数字化、新闻形式的多样性,对新媒体编辑提出了更高的要求。除了懂新闻、能编校,新媒体编辑还必须是一名多面手,具备各方面的综合能力和创新思维。

一、新媒体编辑应树立的角色理念

(一)正确引导社会舆论方向

新时期,新媒体的数量不断增加,规模不断扩大,对传统媒体行业造成了极大的冲击。在互联网技术的发展推动下,任何人在任意时间,都可以发布任何消息。这种信息传播的及时性与随意性,让当今时代成为一个"人人皆知"的时代。而这种时代特性,在促进新闻媒体发展的同时,也对互联网及社会环境,造成了不良影响。因此,作为一名新媒体编辑,必须树立正确引导社会舆论方向的理念。

作为一名新媒体编辑,需要具备对新闻、信息的有效判断与甄别能力,在开始编辑新闻内容之前,必须事先做好调查求证工作,在保证新闻内容真实性的前提下,利用专业媒体机构的公信力,将新闻内容传播开来,让社会大众通过相关渠道了解事件的真相,以保证网络舆论的正确走向。

(二)合理策划,从全局角度编辑新闻

随着各种 App 客户端的发展、应用,人们接受新闻信息的方式、渠道日趋多样化,但是只有高质量的新闻内容才能够吸引更多受众、读者。所以需要新媒体编辑重视策划的主题,从全局角度出发对新闻进行编辑,从而为广大受众提供更多有价值的新闻信息。

(三)不间断操作,树立全天候编辑意识

新媒体最突出的特点,就在于传播的及时性与实时性,而作为一名新媒体编辑,必须具备全面的编辑意识,如此才能保证在新闻事件发生的第一时间,将准确、真实的新闻信息发布出来,让广大民众能够及时了解事件真相。相比于传统媒体,新媒体的新闻发布,不受时间的限制,而面对世界各地的新闻受众,新闻编辑同样需要在第一时间,将有关消息及时地发布出来,以保证新媒体传播的实时性。

当前,网站、客户端和微博采用的新闻推送模式,为"固定更新+不定时更新",这种模式的特点,就在于广大民众可以每天定时接受一些新闻实事,而当有重大事件或突发事件发生时,民众也可以通过推送消息,及时了解到事件的进展。由此可见,新媒体编辑需要"24小时"待命,及时关注相关热点,以保证能够及时跟进、更新新闻内容。

(四)积极参与学习,掌握不同的编辑技术

新媒体编辑工作具有内容丰富、形式多样的特点,这就需要新媒体编辑必须具备较强的编辑能力,对此,新媒体编辑应具有主动学习态度,并不断提升自身的学习能力。相比于传统媒体,新媒体编辑工作在很大程度上会受到技术的影响,也就是说,每一次技术革命、每出现一种新的编辑形式,新媒体编辑都需要对其进行有效的学习,并熟练掌握其运用办法,这是增进新媒体竞争力的重要途径。作为一名新媒体编辑,需要不断学习新技术,并能够运用这些新技术,来有效整合新闻内容,以最合适的方式去表现新闻内容,从而更好地增强广大民众对新闻事件的关注度,提高信息服务的质量。除基本的文字功底、新闻敏锐性与编校能力,作为一名新媒体编辑,还需正确认识新媒体的传播特征,熟练使用多种新媒体软件;同时还应掌握软件当中相关图片处理工具的应用办法;视频与音频剪辑的理论与技术,也应有所涉猎。作为一名新媒体编辑,需要正确了解微信、微博、客户端等平台的优势特点与后台操作流程,从而保证新闻内容能够通过最佳途径传播开来,实现其社会引导价值。

综上所述,"互联网+"时代,新媒体编辑要明确自身的角色定位,为大众带来更优质的信息服务。

二、新媒体编辑需要具备的素养

(一)扎实的采编业务素养

在传统媒体环境中,媒体编辑更多扮演的是幕后者角色,岗位责任主要集中于对新闻信息的加工和提炼,即由他人提供信息,然后对信息进行修整、完善、文字美化等具体工作。但在新媒体环境中,随着受众对新闻信息时效性、大众性要求的不断提升,媒体编辑角色也不断发生改变,工作职责也从一开始的以"编"为主,逐渐发展为"采编结合",谁能在第一时间内采编大众需要的新闻信息,谁就能抢占新闻市场的先机。因此,新媒体编辑必须具备扎实的采编功底,要时刻加强对自身采编能力的锻炼,遇到任何一种社会现象、突发状况,都应在脑海中对其进行新闻采编处理,久而久之,无论遇到任何情形的新闻信息,都能在第一时间选择正确的新闻采编方式,达到熟能生巧的效果。

(二)极强的政治素养

媒体的生命力在于真实、客观,特别是在信息大爆炸的当下,人人都能成为信息发布者,新闻的真实性、客观性就更显得难能可贵了。部分新媒体为博取受众眼球,为博得人民群众的青睐,不惜以歪曲事实的手段,丑化政府部门或其工作人员的形象,丑化党的形象。此外,也有部分不法分子或西方敌对势力,为制造社会动荡,散播侮辱党和政府形象的新闻信息。面对新闻信息斑驳复杂的形势,新媒体编辑必须加强自身政治素养建设,深入领会国家大政方针,不偏听偏信,增强政治敏感度,自觉维护党和政府的权威性。

(三)朴实的大众素养

受众对新媒体大众化、互动化的需求特征,决定了新媒体编辑要想制作出受众喜爱的新闻信息,就必须不断提升自己的大众素养,具体来讲,可以从以下三点着手。

第一是品格特征亲民化。新媒体编辑的采编要求进一步提升,要想获取第一手资料,就必须深入人民群众中,获得人民群众的信任,这样才能发觉群众中存在的新闻信息。

第二是文字表达大众化。新媒体之所以能够获得广大人民群众的认可,根源在于它与传统媒体的规矩、条框、刻板、模式化大不相同,它文体自由、洋洋洒脱,因此,新媒体编辑必须不断发挥这一优势,多用大众化的字眼描述新闻信息,增强受众的亲近感。

第三是信息交流互动化。新媒体编辑就自己所发布的新闻信息,应保持开放态度,热情回复受众留言,并置顶部分精华留言,增强受众的认同感,提高他们参与留言的积极性。

(四)良好的 IT 素养

新媒体内容传播的物理基础是高新技术,其功能的开发运用也要依靠高新科技。新媒体内容的表现形式越来越趋向融合新闻的形式,集视频、音频、文字、图片以及大量相关信息链接的立体报道形式。新媒体编辑必须跟上时代发展步伐,认清新媒体发展所依托的基本载体,不断提升自己的 IT 素养,提高工作效率,改变工作方式,转变工作思维,迎接新挑战。一是要熟悉互联网界面设计原理,如 HTML 语言、网页排版布局等,只有掌握了这些基础设计原理,才能给受众在页面布局、插画配图等方面以耳目一新的感觉,增强新闻信息的趣味性;二是熟练掌握各种新媒体工具的操作技巧,如微信公众号、微博、客户端等,保证新闻信息在第一时间发布出去,避免时间延迟。

总之,新媒体编辑作为新媒体与受众直接相关的个体元素,要想保持新媒体与受众的天然密切联系,除具备传统媒体编辑所应具备的基本功素养外,还应具备更加突出的政治素养、大众素养和 IT 素养,从而确保受众的需求得到满足,为新媒体发展注入持续动力。

三、新媒体编辑能力要求

(一)跨文化传播能力

21 世纪以来,经济全球化进入了一个全新的阶段,新媒体成为各国民间交流的媒介,为获取信息提供了许多便利。为了扩大中国文化的影响力,新时期下的新媒体编辑应当具备跨文化传播的能力,一方面,拥有跨文化传播能力能够帮助中西方新闻报道间互相交流,有利于获取其他国家和地区的新闻现状,了解其他国家和地区的发展情况,以保证中国在发展中能够掌握到其他国家和地区的发展现状,紧跟世界发展潮流;另一方面,新媒体编辑通过掌握跨文化传播能力,能够考虑到中国与其他国家之间的文化差异,达到向其他国家输出我国思想观念的目的。

(二)快速编辑的能力

不论是传统媒体编辑或是新媒体编辑,都需要具备快速编辑的能力,将新闻事件及时记录传播。新媒体相比传统媒体,后者受到发行时间限制而产生延时性,由于新媒体具备即时性,从而对快速的编辑能力具有更高的要求。新媒体编辑需要从海量信息中筛选出具有新闻价值的信息进行报道,确保广大人民群众能够得到第一手新闻,了解国内外的最新事件。

(三)准确编辑的能力

准确性是新闻报道最基本的要求之一。互联网为新闻信息的传播提供了先进的技术支撑,同时也为虚假信息的传播提供了便捷路径,传言、谣言、谎言借助互联网可以更加迅速地传播。新媒体编辑需要对新闻事实深入调查、多方核实,守住新闻真实的底线,能够准确从各种信息中汇总出最有价值的新闻。同时,由于当前社会发展,人们进入了快节奏的生活,这就要求新媒体编辑必须具备用最准确、精炼的话语报道新闻的能力。通过对新闻的准确编辑,保证新闻的传播效率,提高新闻的准确性。

(四)管理协作的能力

在当前融合新闻的环境下,新闻的编辑发布过程不能由一个人单独完成,需要众多部门的协作,这就需要新媒体编辑具备管理协作的能力。

由于新媒体编辑个体间存在着差异性,这种差异不仅体现在编辑人员个性上,还体现在编辑人员在写作稿件时选取的视角、写作风格上的不同。因此,编辑人员在制作新闻过程中,必须加强各部门之间的协调、部门和编辑间的协调,以及编辑和编辑间的协调。因此,新媒体编辑必须具备管理协作的能力,通过多方面的协调确保新媒体行业下新闻稿件的完美。

(五)及时反应的能力

相比传统媒体由于出版时间的延后,在编辑报道中具有延时性特点,新媒体能够随时随地进行报道,更具有即时性。在新闻发生过程中,常常会存在各种情况,因此,新媒体编辑必须具有及时反应的能力。当重大新闻发生时,新媒体编辑应当随时判断,选择更符合新闻发展目标,更适合新闻报道要求的报道方式,同时,新媒体编辑应当及时根据事件发生状况改变对新闻的报道情况,对要闻、大新闻进行集中报道。

(六)运用科技的能力

新媒体编辑与传统媒体编辑最根本的区别在于对科学技术的应用。新媒体编辑更加依赖于科学技术,新闻阅读者可以通过关键字搜索等方式更加便捷地寻找自己所需要了解的新闻。同时,新媒体编辑可以运用多种形式表现新闻内容,加深读者对新闻的理解和印象。相比传统媒体中的图文表达,新媒体编辑更加生动形象。

第九章　新媒体报道内容选择

大千世界,每天发生变动的信息浩如烟海。对于一家媒体来说,传播什么内容是所有媒体人都必须思考的问题。新媒体又是一个信息集成与用户聚集的平台,对于新媒体编辑来说,庞杂、海量、无序的信息从各类渠道源源不断地传送到编辑部,那么,什么样的信息能够传播?什么样的信息值得传播?什么样的信息需要重点传播?这就涉及信息选择的问题,具体体现在新闻编辑业务上就是对新闻稿件的选择。所以,对于新媒体来说选择稿件是编辑最基础性的工作。编辑只有依据科学又正确的稿件选择标准才能够将高质量的信息传播出去,才能实现最佳传播效果。

第一节　新媒体新闻稿件的来源

国家 2017 年 6 月 1 日起施行的《互联网新闻信息服务管理规定》第二条将新闻信息概括为:包括有关政治、经济、军事、外交等社会公共事务的报道、评论,以及有关社会突发事件的报道、评论。并在第五条中提出传播新闻信息的许可要求:"通过互联网站、应用程序、论坛、博客、微博客、公众账号、即时通信工具、网络直播等形式向社会公众提供互联网新闻信息服务,应当取得互联网新闻信息服务许可,禁止未经许可或超越许可范围开展互联网新闻信息服务活动。前款所称互联网新闻信息服务,包括互联网新闻信息采编发布服务、转载服务、传播平台服务。"其中,采编发布服务,是指对新闻信息进行采集、编辑、制作并发布的服务;转载服务,是指选择、编辑并发布其他主体已发布新闻信息的服务;传播平台服务,是指为用户传播新闻信息提供平台的服务。

并在第六条中规定:"申请互联网新闻信息采编发布服务许可的,应当是新闻单位(含其控股的单位)或新闻宣传部门主管的单位。"新闻单位是指经国家有关部门依法批准设立的报刊社、广播电台、电视台、通讯社和新闻电影制片厂。控股是指出资、持有股份占企业资本总额或股本总额50%以上,或出资、持有股份的比例虽然不足50%,但依其出资额或持有股份已足以对企业决议产生重大影响。新闻宣传部门包括各级宣传部门、网信部门、广电部门等。

取得互联网新闻信息服务许可的新媒体,新闻稿件主要来自以下方面:

一、新媒体原创新闻内容

包括新媒体记者、编辑自己采写的稿件和有传统媒体背景网站的母媒体记者提供的稿件。

传统新闻单位的新媒体平台稿件主要来自自行采写。他们主要通过采编流程再造,搭建"一次采集,多种生产,多元发布"的"中央厨房"发展模式。且这一模式已成为新型主流媒体数字化转型升级的重要支撑。

通过对收集到的各网站链接内容来源的分析,发现无论是商业门户还是新闻网站,其原创新闻都接近全部内容的三分之一,并且商业网站在非时政类新闻方面原创率略高于新闻网站。

二、转载其他媒体新闻内容

商业网站不是新闻单位,由于没有合法采访和首发新闻的资质,经批准许可的也只有转发新闻的资质,没有自采新闻职能。商业网站的新闻内容大多来自版权采购或合作。比如澎湃新闻与今日头条的合作,人民网与腾讯的合作,新浪网转发新华网的稿件等。

对任何网站来说,转载其他媒体新闻内容都要遵循《互联网新闻信息服务管理规定》第十五条规定:"互联网新闻信息服务提供者转载新闻信息,应当转载中央新闻单位或省、自治区、直辖市直属新闻单位等国家规定范围内的单位发布的新闻信息,注明新闻信息来源、原作者、原标题、编辑真实姓名等,不得歪曲、篡改标题原意和新闻信息内容,并保证新闻信息来源可追溯。"

互联网新闻信息服务提供者转载新闻信息,应当遵守著作权相关法律法规的规定,保护著作权人的合法权益。

根据调查发现,商业网站转载的新闻来源分布较为广泛,从被转载媒体的覆盖范围来看,商业网站的新闻来源于全国性新闻媒体与来源于地方性新闻媒体的比重相当。

三、新媒体用户创造的内容

拥有为用户传播新闻信息提供平台服务资质的新媒体平台用户可以在其平台发布资讯。在利用用户制作内容方面,商业网站比例要比新闻网站多。且商业网站采用用户制作内容没有标明来源依然存在,新闻网站所采用的用户制作内容新闻来源更为规范。

Web2.0时代带来了数字化新媒体形态的崛起,也滋养了广泛的用户生成内容(UGC),在这样一个重视交互性和即时性的网络环境中,UGC作为个人表达和创作的形式给社会文化、艺术、科学各个方面都带来了充满活力的改变。而伴随着UGC的迅速发展,各类问题也逐渐凸显出来,其中尤为突出的是UGC用户版权问题。所以,在使用新媒体用户创造的内容时,要注意UGC版权保护问题。维护草根著作权的权利,鼓励全民原创,发掘优秀人才,丰富文化传播的种类和内涵。通过保护UGC生产者的版权利益,激励用户创作,提高优质UGC的比重,打造具有

UGC 特色的内容生态圈,将庞杂多样的 UGC 内容进行更好的整合和传播。

四、党政机关和社会机构媒体内容

近年来,政务新媒体快速发展,在推进政务公开、引导网络舆论、加强政民互动等方面发挥着重要作用。政务新媒体的功能就是通过政府媒体及时发布、公告相关资讯。这类新闻信息权威、准确、专业,与政经、民生、百姓社会生活息息相关,正在成为新媒体的新闻来源。

五、行业及企业新媒体内容

近几年,各行各业、各类企业的新媒体不断激增,官方网站及官方微博已成为其新型的、自主的媒体平台,及时在官方媒体上发布经营产品信息、行业动态信息、公司运作业务信息已成为企业重要的对外传播工作。这类信息大多及时、准确、权威,没有信息损耗,也不会产生误解和歧义,因而也成为新媒体的新闻来源之一。

不同来源的新闻品质自然有所差异,从品质上看,自行采写的原创新闻稿件和转载新闻媒体单位的稿件,以及来自党政机关和社会机构媒体内容质量较高,这类稿件内容大多准确、真实、权威、可信度高,可以信赖。来自新媒体用户创造的内容庞杂多样,良莠不齐,需要慎重选择,多加辨识。来自行业、企业的内容一般可以信赖,但需要辨识哪些是新闻信息,哪些是软文,哪些是广告。

第二节 新媒体选稿流程与方法

新闻编辑的选稿在很大程度上依赖于媒体报道的风格和受众群的定位。不同的选稿技巧,就会有不同的选稿方法,产生不同的选择效果。作为新闻编辑,如何才能"慧眼识珠",在众多司空见惯的普通新闻稿中去发现有重要价值的新闻事实,是对我们新闻编辑选稿技巧的重大考验。

一、新媒体新闻选稿流程

新媒体新闻选稿有两次过程、两种方式:第一次过程是从众多稿件来源中一般性地选择稿件,第二次是从已进入本媒体稿库的稿件中选择重要稿件发布到频道首页、新闻中心首页或网站首页上;第一种方式是人工手动选择,第二种方式是机器自动抓取。

第一次过程被称为选取,也就是平时提及最多的 CP(copy-paste)。早期,没有相应的技术支持,网站只能采用手工方式选稿。现在一些网络媒体已经开始借助于软件自动从各供稿源抓取新闻到库。抓取前设置抓取时间、关键词,标识被抓取的网站等,综合性门户网站基本每 5~10 分钟就抓取一次,只要被选对象有新闻更新,抓取软件都能即时发现并抓取到本网站,然后自动配置到各相关频道。网站还可以设置专门的初稿编辑部,由初级编辑或助理编辑负责本网站所有稿件的初选,并将初选的稿件归类到不同的频道。

但是,网站不能完全依赖于自动抓取,虽然自动抓取效率高,但准确度低,有时还可能遗漏重大新闻。大多数网站采取的是自动抓取与人工选取相结合的方式,用自动抓取保证新闻的量、新闻的及时更新,以及对其他网站的监看,用人工手动选取保证新闻的质,因为人脑的判断终究要强于机器的简单判断,选取后的稿件与网站的标准比较一致,采用率也会较高。

第二次过程是推荐,是一次高级选择的过程。互联网能存储海量信息,但不是每一条新闻都能被网民浏览到,因为承载重要新闻的空间是有限的,网民的视线也是相对集中的,要想让一些重要的、有价值的、涉及相关话题的新闻让网民第一时间看到,就需要对入库稿件进行有选择的编排和发布。编辑有权决定选择什么样的稿件,稿件是放到网站首页上还是新闻首页上,是放在频道中还是放在滚动新闻中,稿件以什么形式出现,稿件在各级页面上该放置多长时间等。这一推荐过程也被认为是网络媒体议程设置的过程。

二、新媒体选稿方法

(1)在所有稿件中,根据新闻价值分析挑选出真正意义上的新闻稿件。这是选稿操作的第一步,目的是首先淘汰那些不具有新闻价值的稿件。

(2)根据社会效果分析挑选出符合媒介立场与导向的新闻稿件。这是选稿操作的第二步,目的是淘汰那些有负面社会影响、导向不正确的稿件。

(3)根据稿件对新闻媒介的适宜性分析挑选出能够表现媒体特色的新闻稿件。这是选稿操作的第三步,目的是淘汰那些与媒体定位及编辑方针不符的稿件。

一篇适用的新闻稿,既要有好的内容,又要有好的表现形式,具体来说就是要符合几个基本的条件:真实、准确,具有新闻价值,符合报道需求,简练、生动。只有让新闻编辑的眼睛能在3秒内发亮,一篇新闻稿才能快速获得读者关注。

通过三轮淘汰,在采用之前,还需要做的一项工作就是:对新闻事实进行核实。"真实"是新闻的生命,对事实的核实往往需要耗费时间和精力,所以放在选稿完成以后、进入稿件修改这个环节中再进行。这样既保证选稿的速度又保证了稿件的质量。

第三节 稿件选择的依据

新闻选择,就是对选题的判断——哪天新闻 UV 会高?哪条新闻评论会多?哪条新闻重?哪条新闻轻?

新媒体稿件必须具备可读性、知识性、趣味性,在语言表达上则要更为口语化以及平民化,轻松活泼,才能更加吸引受众阅读。这就是所谓的"卖点",也即新闻价值。

一、新闻价值分析

1. 时间

新闻事件发生的时间与发稿时间越靠近,新闻价值越大。即时传播是新媒体最重要的特征,很多新媒体强调以"秒"来计量发稿速度。特别是在移动传播时代,速度更是新闻的生命。以新闻客户端使用推送手法为例,重大新闻发生时,如果你能做到第一个推送内容,会得到大多数的用户点击。

狭义的时效性指"新闻发生的时间"距离"该新闻被报道的时间"的长短;从广义上说,是指新闻人是否最早获取线索,最早进行新闻价值的判断,以及最早介入采访。早一分钟做到这些,你获取的信息就越接近真实、越全面。

2. 新意

在一篇稿件中,受众获得的感兴趣的信息越多,这篇稿件的新闻价值也就越大。

3. 重要

新闻报道客体在社会上产生的影响力越大,新闻价值越大。一切新闻最终均为"人的新闻"重要性体现在对人的影响上。那么一则新闻影响了多少人,一个两个,还是成百上千? 影响了什么人? 影响7个普通人和影响7个重要人物的新闻当然有差别,新闻的"功利"主要体现在此。

4. 显著

新闻稿件中涉及的人物、地点、事件等越著名,新闻价值越大。比如名人效应在新闻里体现得尤为突出。新闻涉及的人知名度越高,传播效果越好。但融媒时代对人物显著性的要求降低了,完全突破了名人限制,普通人做的稍微有些不寻常的事情都成为新闻。媒体对新闻当事人的知名度要求已经降低了,转而更加关注新闻本身的价值。在互联网传播环境下,对显著性的量化判断变得轻而易举,用户关注度已经成为衡量显著性的有效指标。页面点击量、跟帖评论数、点赞数量、分享数量等量化指标,都可以用来评判显著性的大小。

5. 接近

包括地理接近和心理接近两层含义。地理接近指新闻事件发生的地点离读者越近,新闻价值越大。心理接近指新闻客体激起读者的心理震动越大,新闻价值越大。比如,新闻事件是否影响到我们的生活甚至生命;新闻当事人或重要新闻元素是否与我们紧密相关。

6. 兴趣

新闻的兴趣包括"人情味"与"趣味性"两大特征。"人情味"是指新闻中与人性相关的内容,同普通人的思想情感紧密相连,人文意蕴较为浓厚;"趣味性"是指新闻事实的新奇、特异、有趣、引人注目,题材内容以轻松愉快为主。两者有联系也有区别。无论人情味报道还是趣味性新闻,都要关注和满足人类的普遍兴趣,这是它们的共同点。但有人情味的新闻报道不一定有趣味性,反之亦然。因此要给新闻报道里加点趣味,让趣味更有人情味。

二、社会效果分析

指新闻可能在政治、经济、法律、文化、道德等方面产生的影响的评价。

第一,将新闻稿件的内容与发布新闻的时机与社会背景结合起来考虑,要认真分析受众心理,立足于全局看问题。

第二,分析新闻稿件的社会效果,要注意用辩证的眼光看问题。

第三,对于新闻社会效果的判断,要注意合理、合法,要杜绝有危害性质的新闻。

在评价社会效果时还要注意报道时机问题。从报道时机来看,新闻编辑要有"养"的技巧。

比如,平常时候一条表现某地旅游市场混乱的新闻可能比较普通,但如果马上到旅游高峰期的话,这条新闻就容易引起人们注意。"养"新闻之所以重要,还因为它直接影响着新闻传播的效果。对于新闻编辑工作者来说,选择的新闻稿就是要抢时效、抢首发,以赢得显著的社会影响,但也不能一概而论,有时候也有例外。一篇有价值的新闻稿对社会影响如何,不一定是要抢发,而是要看准报道的时机。

三、媒介适宜性分析

1. 根据新闻媒介的性质、地位和任务分析稿件的内容和形式是否相宜

新媒体较突出的一个特点就是新闻视觉感的独特呈现,这是传统媒体所不具备的优势。"两微一端"是一个多媒体信息呈现的平台,在采写时要充分利用多媒体传播的优势,除文字外,还要善于运用图片、音频、视频等多媒体形式展现新闻事件,使新闻更加立体化、全面化。

报道如果能运用多种媒体形式来呈现信息,不仅能大大增强新闻的吸引力,还能全面立体地展现新闻事件的全貌。这样的稿件,会被"两微一端"优先采用。

2. 根据新闻媒介的读者定位分析稿件是否适合自己特定读者群的需要

排序法是通过受众调查,了解受众对信息需求的期望方向。简言之,就是通过调查受众关注的新闻方向对新闻内容选择进行关注度排序,新闻编辑在选稿时,带有倾向性地去选择排在靠前的一些新闻内容。

扫描式阅读已成为当下趋势。"两微一端"文章的内容表现形式以文字、图片、视频为主,有时会辅以表格。其中,以图文结合最为普遍。这是因为,图文结合的形式最符合新媒体内容传播"浅阅读"的特点,碎片化的语言加上直截了当的图片,直击大脑,同时也便于进行广泛传播。

"两微一端"的文字以短小精悍为主,大多是作为图片或视频说明出现。字数多的"深阅读"文章在微信公众号当中微乎其微,一方面是由于"深阅读"文章具有较高的创作难度,另一方面则是受众对碎片化的"轻阅读"情有独钟,"深阅读"文章曲高和寡,难以达到满意的传播效果。

词汇是语言最基本的组成部分,其变化和发展直接反映了社会文化的变迁。今天,面对新媒体的受众,我们要改变"严肃刻板"的面孔,这样才能在"以受众为中心"的新媒体语境下,实现新媒体的新发展。

第四节 选稿注意事项

一、选稿注意事项

1. 开发利用信息资源

充分发挥稿件的各种用途,最大限度地开发利用新闻信息资源。稿件有多种用途,具体如下。

(1)备用稿。如果一篇稿件不宜立即采用,是否有备用的价值?如果稿件是因为报道时机不合适,或者内容上有问题没搞清楚,可以作为备用稿件,先放一放等待时机,或根据稿件中存在的问题要求记者、作者重新采访写作。

(2)内参稿。如果一篇稿件不宜公开刊登,是否有作为内参的价值?有些新闻稿件不适合公开报道,主要是因为它们涉及的新闻事实比较敏感或复杂,公开发表可能会造成不良的社会后果,这类稿件可以考虑作为内参发表,使其在一定范围内产生影响。

(3)线索稿。如果一篇稿件不宜采用,是否其中还隐藏着其他有价值的线索或内容?是否可以作为其他新闻报道的依据?在一些新闻稿件中,主体新闻事实不具有公开报道的价值,但稿件中相关的事实却值得重视,这就为后面的采访提供了线索和依据,编辑可能从中发现新的主题,为记者的采访报道提供线索,甚至可以据此策划与组织报道,指挥有关记者和原稿件的作者进行合作。

(4)转交稿。如果一篇稿件不宜公开发表,是否有必要转交有关部门进行处理?有些稿件尤其是作者的自发来稿,反映的问题不具有普遍意义或代表性,但稿件中涉及的问题却关系到一些人的切身利益,反映了比较严重的问题,对这类稿件,编辑应该转交到有关部门,帮助作者反映情况,使问题最终能够得到解决。

2. 慎重、及时地处理每一篇稿件

新媒体以秒来计量发稿时间,特别在移动互联网的竞争中,独家报道非常难,但如果在速度方面抢先,你就是独家,所以选稿做到慎重的同时还要特别注意及时快速。

3. 重视作者的补充说明,尽快通知作者用稿情况

有些作者给媒体投稿时,会在稿件之外介绍稿件一些基本情况,或就某个问题向编辑说明。新媒体时代,大多稿件上传发稿系统,编辑选稿时尤其要注意这类稿件的附注说明,附注里可能会有重要的线索或信息,编辑应该重视。

另外,编辑对稿件的处理结果也必须尽快通知作者,这是对作者劳动的尊重,也是对媒体形象的维护。新闻稿件都是有时效的,一篇稿件不适合一家媒体采用,但可能适合其他媒体。

4. 注意建立选题库、信源库、稿件库

(1)选题库。不管什么样的选题,不管来自哪个渠道,只要觉得有一定的价值,就要统统入库,随时更新。

(2)信源库。记者在采访中获得的一切信息来源和关系,除记者本人留存外,还要统一复制给编辑部,由专人入库,成为共享资源。

（3）稿件库。所有的已编和待编稿件，以及所有的资料、与其他媒体的交换信息、世界主要媒体的已发稿件，均应入库，供编辑查看。

"三库"建立之后，材料要时时补充、更新、检阅、思索和利用。

二、如何提高选稿水平

（1）熟悉党的路线、方针、政策，把握全局。

（2）对社会生活充分了解。

（3）在工作实践中培养自己的职业敏感。

（4）要有全面的观念：

①不能只看到稿件中积极的一面，而忽视了其中可能存在的消极的一面；

②不能只看到新闻消极的一面，而忽视了其中可能转化的积极的一面。

（5）要有平衡的观念：

①地区、领域、行业及其各构成要素的平衡；

②肯定与否定的平衡。先进的、积极的因素是主要的，但也不能放弃对那些落后的、消极的因素展开必要的批评。更要注意普遍性、针对性和时机性，加强建设意识。

既要突出报道的重点，又要兼顾报道之间的平衡。它最终是通过界面的布局设计和内容整合来实现的。

第十章　新媒体文字编辑加工技巧

作为媒介表达元素,文字远比音频、视频原始和古老。在各类新媒体新闻平台上,文字的比重仍然很大,文字编辑工作仍然是新媒体新闻编辑最日常的工作,也是保证文字稿件质量的重要环节。对文字的修改主要从三方面着手,一是对新闻事实的核实和订正,二是对新闻稿件中观点的修正,三是对稿件辞章差错的修改,完成上述三方面的任务,使新闻稿件达到可以传播的水平。

第一节　修改文字稿件的步骤

一、修改文字稿件步骤

编辑修改文字稿件一般要经过三个步骤。

(一)通读全文,掌握作者的表达意图

这一步目的在于认识原稿件,这种认识包括两个方面:一是把握原稿件的主题、材料、结构和语言等各方面的情况;二是发现稿件中存在的问题,并设想解决这些问题的方法。这种认识是修改稿件的基础。认识越清楚,下一步修改就越顺利,质量也越有保障。不能急于求成,在未通读全文的情况下,就边看边改,往往理解不全面,修改也就不透彻,甚至可能歪曲原意。有些复杂的稿件,可能通读一遍也未必能认识全面,需要多通读几遍,多花些时间,而不要匆匆动手,免得后来返工,浪费时间。

(二)修改文中差错,达到修改稿件的目的

(1)初次修改与加工,即第一次修改。一般是直接在原稿件上进行修改,对错误的事实进行更正,消除原稿中的主要差错,理顺事理、文理,删除明显的冗文,或是添加点睛之笔。修改之前建议复制原稿一份,以防删除有误,恢复原稿较麻烦。另外,也可以及时对照发现误改。

(2)再次进行修改。再次进行修改通常在已经过初加工的稿件上进行。它的任务是改正上一次加工时漏改的部分,消除因输入而产生的新差错,并根据页面设计的需要,再次进行删节或调整结构。再修改可以只进行一次,改后直接可以置入页面了。

(三)对修改稿件进行全面检查

稿件置入页面后,必须从头至尾阅读一遍,重要稿件还需要多读几遍,检查已置入页面的稿件是否已经符合准确、鲜明、生动的要求。

在整个修改文稿的过程中,需要对原稿和修改后的样稿进行反复阅读,通过反复阅读来发现问题。阅读一般可采用两种不同的方式。

(1)略读。着重注意内容,对细节不去推敲。如用词不当、错别字、漏字、标点符号的错用等暂时不去推敲。

(2)点读。逐字逐句阅读,不放过任何细节。

阅读时应该根据不同的需要灵活地采用这两种阅读方式,把它们好好地结合起来。

二、修改文字稿件的工作方式

在编辑工作实践中,承担稿件修改工作内容的不仅是编辑,有时还要作者参与。所以修改文字稿件的工作方式一般有以下三种。

(一)作者自行修改

对于一些时间性不那么强,又需要做大量修改的稿件,可以采用编辑提出修改意见,作者参考意见后自行修改的办法。需要注意的是,编辑提出的修改意见越具体越好,此外,意见应该只是一种建议,而不是命令,让作者既了解编辑意图又乐意接受修改。

(二)编辑、作者合作修改

对于一些修改较多,且牵涉的问题比较复杂的重要稿件,可由编辑人员深入调查,掌握第一手资料,增加对实际情况的感受,和作者一起对原稿进行修改。但这种修改方法比较花费时间,一般不大可能采用。

(三)编辑直接修改

那些急用而改动不太大的稿件,则可以采用直接由编辑修改的方法。这种方式比较快捷,能有效地节约时间,符合新媒体传播特征,是用得最多的一种改稿方式。但是采用这种方式,必须注意避免由于改和写的矛盾而带来的毛病,要多读几遍,深刻掌握作者的写作意图。

三、新媒体稿件特点

新媒体稿件主要包括传统媒体稿件的电子版、线下手写稿的电子化和线上即兴创作三类。尽管不能简单地把线上即兴创作称作三类稿件中数量最大的一类,但因它与广大网民关系最为密切,且作为新媒体时代最有特色的一类稿件,而备受关注。它决定并影响了新媒体稿件的性质。

与手写、印刷文稿相比,作为电子稿件存在的网络稿件有自己的特点:稿件以一种原生态的形式出现,篇幅短小,一般不讲究传统写作的形式,有意用生造词,这是由网络稿件作者心态不同于传统写作的心态(表达急切、渴望"瞬间"真实、虚拟世界不负文责)决定的。

四、稿件常见错误类型

(一)事实性差错

文稿中事件涉及的人物、时间、地点有误,或者事件前因后果、人物关系与事实不符,统计数据存在问题等都是文稿的事实性错误。因不少新媒体编辑一般不直接接触文稿的作者,这为事实性错误的校正增大了难度。

(二)政治性、政策性和思想性差错

文稿中或明或暗地表达了各种观点和思想,这些观点和思想中不能有政治性错误。即不能有违背党和国家路线、方针、政策的内容,不能违背国家利益、泄露国家机密。有害国家稳定、民族团结,易引起外交纠纷,危害青少年健康成长及其他民族、宗教、性别偏见等观点、思想和内容都应努力避免。

(三)知识性错误

如诗词引用不准确、历史事件的时间地点人物差错、地点知识紊乱,以及其他学科知识误用等。对于自己不理解、不能判定的问题,编辑要善于翻阅查找资料予以求证,也可利用网络专门的数据库释疑,或请教相关学科专家学者。

(四)辞章性差错

辞章性错误主要是文字表达方面的问题,如错别字、语法错误、标点符号误用、数字使用不规范、行文格式不统一等。这是文稿修改中最常见的错误。

五、修改稿件的方法

(一)校正

校正,即改正稿件中不正确的写法,包括稿件中的事实、思想、知识、语法、修辞、逻辑等各个方面。校正是改稿中运用得最广泛的改稿方法,也是一种最基础的改稿方法。

(二)压缩

压缩,就是通过对稿件的删意、删句和删字,使原稿在内容上更加突出重点,在章节上更加紧凑,在表述上更加简练。

(三)增补

增补,就是补充原稿中需要交代而又遗缺的内容。

(四)改写

改写是对稿件重新写作,是改稿中难度最大、操作最复杂的一种修改方法。

(五)分篇与综合

分篇是将内容比较丰富、篇幅较长的稿件分成若干篇稿件。因新媒体页面受制较少,此类方法运用也越来越少。

综合就是将若干篇稿件合并、改写成一篇新闻稿。这个方法与分篇正好相反。在新媒体编辑中常常用超链接的方式来实现文章的整合。

第二节 新闻稿件报道事实的核实

一、新闻稿件报道新闻事实的基本要求

新闻是对客观事实的报道,新闻编辑在改稿时,首先对稿件中有关新闻事实的内容进行分析,看看有无须要核实和订正的地方。新闻稿件报道新闻事实的基本要求是:真实、准确、科学、清楚、统一。

(一)真实

指新闻报道中所涉及的现实方面的各种材料,必须完全符合事实的本来面貌。选稿时,由于稿件数量众多,时间紧迫,编辑无法对每一篇稿件的真实性进行调查核实。因此,改稿时,编辑需要将判断新闻内容的真实性当作首要任务。不真实的因素,主要有以下表现形式。

1. 虚构

虚构即所说的事情并无任何事实根据,全是无中生有的。

2. 添加

事实有一定的根据,并非全是虚构,但是其中有某些情节和内容是依据主观想象加上去的。

3. 拼凑

把不同的人在不同时间、不同地点所做的事,写成是同一个人,在同一个时间、同一个地点所做的事。

4. 夸张

夸大或缩小事实,把一分说成十分,把偶然说成经常,把个别说成普遍或是相反。

5. 孤证

根据几个孤立的事例得出与全局不符的结论。比如,只有一两个地方出现的情况,却报道说所有的地方都出现。以偏概全。

6. 回避

对一些有关全部的重要情况故意避而不写,只强调某一方面。例如,质量不好不说,只是说产量增加等。

7. 导演

事情虽然确已发生过,但完全是记者为了要写报道而导演出来的,与事实的情况不符。

需要注意的是,完全虚构的不真实事实不太多,大部分的不真实,表现为真真假假,或是形真而实假。近几年,因媒体之间的转载导致新闻失实呈现高发态势,新媒体编辑对转发稿件一定要注意核实其真实性。

(二)准确

指构成事实成分的名称、时间、地点、数字、引语等都必须准确无误。编辑在改稿时需要注意新闻内容细小之处表达是否准确,随着时间推移,有些事物的表述发生变化,沿用过去说法将不再适合。所以,编辑平日里要注意事物的最新表述。有些差错往往是和正确混在一起的,因而要对事实逐一检查,注意这些"夹带"现象。比如,"他们先后游览了广东、广西、湖南、四川等省的名胜古迹",这里显然也有不准确的地方,因为广西和其他几个地方不一样,是自治区,而不是省。

(三)科学

指涉及自然科学、社会科学的新闻事实、文字表述须符合科学。有些自然现象,至今没有被人们所认识,科学界尚在探讨或争论,说法不完全相同。这种情况下,可以采用其中一种比较普遍的说法,也可以把几种说法如实作简要的说明。

(四)清楚

指对于事实的表述要让读者看得明白,不留有疑问。新闻稿件写得不清楚主要表现在以下几个方面。

(1)名称过于简单。比如地名,如果不是受众十分熟悉的,应该用全称,写清楚它所属的省、市、自治区,国际新闻还应该注明国家;如要用简称,需要注意使用规范、合乎约定俗成和人们的习惯。对于人物交代,第一次应写出其真实姓名。

（2）缺少新闻要素。如与新闻事实相关的时间、地点、人物、原因等要素有遗漏。

（3）缺少必要的新闻背景。新闻事实报道缺少必要的背景交代，受众难以理解新闻的价值和意义。

（4）缺少必要的细节交代。新闻事实缺少细节交代，受众对时间发展变化的过程很难把握。

（5）缺少必要的解释。特别是一些专业性较强的新闻，往往涉及一些艰深的专业知识，如果没有通俗化的解释，读者难以看懂。

（五）统一

统一有两层含义，一是指在同一篇或同一组稿件中，关于事实的表述要前后一致。如在一篇稿件中，译名、计量单位、数字等，写法应该前后一致。如公元纪年如果都采用阿拉伯数字，就不要采用汉字。

二、核实与订正新闻事实的主要方法

修改稿件时，如何发现新闻事实方面的问题并进行改正？主要采用的方法有三种：

（一）分析法

内容分析：即通过分析稿件中所写的事实以及事实与事实之间、事实与判断之间的关系，来发现稿件中的疑点和破绽。主要看有没有前后矛盾、不合情理、文艺色彩浓厚、笼统含混、超越实际采访的可能性。

信源分析：即分析消息来源，判断其权威性、可靠性，从而发现稿件可能存在的问题。

作者分析：即对照作者身份与稿件的内容来进行分析。

时间分析:即对照写作时间和稿件内容来进行分析。

(二)核对法

核对主要是依据权威性资料的对照来发现和纠正稿件事实方面的差错。

(三)调查法

调查就是对稿件中所叙述的事实,通过间接的或直接的、现场的观察和了解来检查它的真实性和准确性。

第三节 政治性、政策性和思想性差错的订正

杜绝政治性、政策性和思想性差错是为了达到消除差错的目的,同时也能达到端正导向的目的。稿件整体上的政治倾向没有错误,不等于每句话、每个词都没有政治问题。

所谓政治性错误,是指在涉及政治问题时,提法、行文方式及引用的材料有错误,可能对政治稳定、经济发展和社会进步及国际声誉造成损害。

所谓政策,是党和国家为实现一定历史时期的政治路线而制定的行为准则,是政治的具体表现。政策由立法机关审议通过,就上升为法律、法规。办媒体讲政治,不仅要求稿件在政治方向、政治立场上不出问题,还要求在涉及具体的政策、法律、法规时,十分严谨,没有任何偏差。

编辑人员必须全面地了解政策、法律和法规,消灭稿件中的一切与之相悖之处。因为在某些情况下,政策性错误如果严重到一定程度,就成了政治性错误。

对新闻稿件中出现的立场观点方面的问题进行修正,主要应从以下几方面着手。

(1)对新闻稿件中涉及敏感的政治和政策问题的文字表述要特别注意审查,

严格把关。

（2）对新闻稿件中的新闻事实与观点的内在逻辑关系进行分析，修正因事实与观点不一致导致的差错。

（3）对新闻稿件的选材和角度进行分析，修正因选材与角度不当导致的新闻立场观点方面的偏差。

（4）对于新闻稿件中涉及案件和法律方面的内容，要特别慎重地把握分寸，注意防止"媒介审判"。

（5）对于新闻稿件中可能造成"泄密"的内容要从严把关：

①信息量过大、报道过细造成泄密；

②报道事件把握不当造成泄密；

③不注意内外有别造成的泄密。

第四节　文字规范差错订正

这类错误主要是文字表达方面的问题，例如，错别字、标点符号误用、语法错误以及数字单位等表达不规范、不准确，引语错误等。

一、错别字

错别字出现在新媒体文稿中的频率是很高的，扫除错别字是修改辞章差错的首要任务。

字的笔画、结构写得不合标准，称为"错字"或"破体字"。常见的有三种类型：增加笔画、减少笔画和字的部首错误。一般来说，错字多见于手写稿，而目前新媒体编辑主要与电子文本或打印稿打交道，接触错字的机会较少。

甲字错写成乙字，称之为"别字"。常见的有五种类型：音同形似；音同形不同;音近形似;音近形不同;形似音不同。别字是网络编辑在进行稿件编辑时经常遇到的,因此编辑需要有较好的文字基础知识,善于识别和改正别字。

不过,不同的输入方式会有不同的出错特点,可有针对性地进行纠错。

(一)规范汉字

2000年10月31日第九届全国人民代表大会常务委员会第十八次会议通过了《中华人民共和国国家通用语言文字法》,自2001年1月1日起施行。该法规定,国家推广普通话,推行规范汉字。汉语出版物应符合国家通用语言文字的规范和标准。

规范汉字是指经过整理简化并由国家以字表形式正式公布的正体字、简化字和未经整理简化的传承字。

简化字以1986年10月由国务院批准重新发表的《简化字总表》中所收的简化字为准。

正体字以1955年文化部和中国文字改革委员会发布的《第一批异体字整理表》中选用的字为准,不过该表公布后又做了几次调整,一共恢复了28个被淘汰的异体字。

传承字是指历史上流传下来沿用至今,未加整理简化或不需要整理简化的字。

规范汉字的字形以2013年教育部、国家语言文字工作委员会组织制定的《通用规范汉字表》规定的新字形为准。

(二)规范用词

1. 应尽力避免词语误用

这里所讲的"词语误用"与语法错误中所讲的"用词错误"有所区别。词语误用中被误用的词语应该用的词形近音同,如"权利"与"权力","启示"与"启事","品位"与"品味","情节"与"情结"等,用在不同语境表示不同的事物。"公民权利"不能用作"公民权力","权力机关"不能用作"权利机关","招工启事"不能用作"招工启示","战争启示录"不能用作"战争启事录","个人品位"不能用作"个人品味","品味生活"不能用作"品位生活","故事情节"不能用作"故事情结","俄狄浦斯情结"不能用作"俄狄浦斯情节"。用词错误更多地指错误地理解词义,导致语句语法结构出现问题。如病句"老教授坚持为学生讲座"中"讲座"是名词,应改为动词"讲课"或"举办讲座"。

2. 不得擅改成语,自创新词

现代广告用语中用词不规范,特别是擅自改变成语,对青少年正确用词起误导作用。如宣传颜料用"好色之涂",网吧取名"一网情深",服装店取名"衣衣不舍",美发店取名"我形我塑"等,不利于现代汉语的用词规范。

3. 应该尽量使用异形词中推荐词形

异形词指普通话书面语中并存并用的音同、义同而书写形式不同的词语,是汉语中常见的复杂现象。《现代汉语词典》中以第一义项为该词首选。2002年3月,中华人民共和国教育部和国家语言文字工作委员会发布了《第一批异形词整理表》,并规范了推荐词形。这是我国首次制定的现代汉语词汇规范,被定为推荐性试行规范,在运用书面语进行表达时,应该尽量使用推荐词形。

二、常见语法错误

文稿中常见的语法错误主要包括用词错误、搭配不当、成分残缺、句式杂糅、逻辑问题、成分赘余、词语位置不当、指代不明等。

(一)用词错误

因作者对某些词的误解而造成这些词的误用。

(二)搭配不当

句子中的搭配不当包括两种情况:一种是语义搭配不当,一种是词性搭配不当。

(三) 成分残缺

成分残缺主要体现在句子缺主语,也有缺宾语的情况。有些句子比较长,尤其是修饰全句的状语部分或句中的定语、宾语部分比较长,顾此失彼。

(四) 句式杂糅

同一意思可以选择不同的句式来表达,但每次只能选择一种句式,不能同时使用两种以上句式表达,那样会造成句子结构的混乱。

(五) 逻辑问题

逻辑问题是文稿中经常出现的一类问题,往往造成词语或句意前后矛盾。这是由作者不经意间所犯逻辑错误引起的。

(六) 成分赘余

在句子结构中,让人感觉某句子成分多余或者用词画蛇添足,妨碍句意表达。修改时删除赘余部分即可。

(七) 词语位置不当

词语位置影响句意的表达。

(八) 指代不明

因代词指示(人或事物)不明确而造成语意混乱。

三、标点符号

标点符号是标号和点号的合称。

点号主要表示说话时的停顿和语气。有句号、逗号、问号、叹号、顿号、分号、冒号7种。

标号主要标明语句的性质和作用,常见的有引号、括号、省略号、破折号、着重号、连接号、书名号、间隔号和专名号9种。

各种标点符号使用要求请参照国家语言文字工作委员会于2011年12月30日发布,2012年6月1日开始实施的《标点符号用法》GB/T15834-2011。

四、名称表达规范

名称表达规范是信息交流活动得以顺利进行的基础。在稿件中,各类名称,如人名、地名、职务名称、企业名称、产品名称、科学概念及各类译名等的表达,须遵循一定的规范,否则会影响传播的效果。名称表达规范包括名称表达的统一性、准确性与正确性。

当同一名称在一篇稿件中多次出现时,要保证该名词在全文使用中的统一,否则,读者会越读越糊涂。

编辑工作中还应注意外文名称字母的大小写。通常,如果是英文单词,采用首字母大写的做法,如Windows、Dreamweaver、E-mail;如果是几个单词的缩写,应该采用所有字母均大写的做法,如WWW、CEO、IE。

名称表达的准确性指对事物的称谓须符合事物的实际。此外,名称表达的准确性还涉及以下方面:党和国家领导人的人名、职务等一定要准确无误,出现多个领导人时应该注意排名顺序;在稿件中涉及其他人名、职务等名称时,应注意加以核实;不同国家的领导人的称呼方式有所不同,如英国首相、大臣,而美国称总统、部长;在涉及与法律相关的概念时,一定要注意其含义,保证表达的正确性;对一些历史名词,应当注意名称的科学性。除保证名称使用准确外,还应注意名称使用的正确性。

五、单位使用规范

单位使用必须依据国家标准。国家法定计量单位是政府以命令的形式明确规定要在全国采用的计量单位制度。我国法定计量单位是以国际单位(SI)为基础，加上我国选定的一些非 SI 的单位构成的。

单位使用中比较普遍的问题在于，按规定已经停止使用的非法定单位仍在使用；单位名称表述不规范。

六、数字使用规范

阿拉伯数字与汉字数字有各自不同的使用场合。总体原则是：凡是可以使用阿拉伯数字而且又很得体的地方，均应使用阿拉伯数字；遇到特殊情况，可以灵活变通，但力求相对统一；重排古籍，出版文学书刊等，仍依照传统体例。使用规范可参照国家技术监督局发布的《出版物上数字用法》(GB/T15835—2011)。

七、译名使用规范

涉及国外人名、地名时应使用通用译名。如"达·芬奇"不能译成"达文奇"；"新西兰"不能译成"纽西兰"等。如无通用译名，须在该人名、地名于文中首次出现时用括号标注原文。

地名翻译可参照国家质量技术监督局 1999 年 3 月 4 日发布的英语、法语、德语、西班牙语、俄语、阿拉伯语六大语种的《外语地名汉字译写导则》。

外文的书名、报名、杂志名译成中文后要加书名号，如《华盛顿邮报》(*Washington Post*)、《新闻周刊》(*News Weekly*)。

在文章中引用港、澳、台地区的一些资料时，会出现译法不同的情况，这时，应转成标准译法或大陆通用译法。例如，"沃森氏"应为"屈臣氏"。

公司名一般应当翻译，可采用较为普遍的翻译方法。已经在中国注册了中文商标的公司名称，一定不能译错。

对于专业术语，能翻译的要尽可能翻译，如果国家有相应的标准译法，应采用标准译法。如 Internet 的标准译法是"互联网"或"因特网"。

第五节 修改稿件的方法

新闻编辑对新闻稿件的修改,受到截稿时间的限制,还受新媒体页面设计需要的限制,因此,根据原稿的情况采用恰当的改稿方法是非常重要的。

一、校正

校正的具体操作有三种。

(一)替代

替代就是以正确的内容和叙述替代原稿中不正确的内容和叙述。

(二)删节

删节就是直接删除稿件中有差错的部分。采用删节方式处理稿件,一个很重要的前提条件是,被删除的内容在新闻中不是至关重要的,不会因为这些内容被删而影响到整条新闻的真实性和准确性,也不会影响读者对新闻的理解。删节的处理方法如下:

(1)删除政治上不正确的用语,以及不良政治倾向的语句。

(2)删除一切假话、废话、空话和套话,尽量删除形容词。

(3)删除无法确定真实性的段落和词句。

(4)删除诽谤性的言论。

(5)删除堆砌重复的烦冗内容。

(6)删除超出页面编辑需要的部分。

(7)删除含混不清的提法和外行可能不理解的专业术语。

(8)删除新闻中的议论部分。消息中不应该包括言论和观点,除非报道本身要夹叙夹议。

(9)删除过多的直接引语。只有精彩和有个性的对白,才有资格成为直接引语。

(10)删除宣传味过浓或倾向性过强的话语。

(11)删除血腥或肉麻的表达,以及对暴力、凶杀、强奸等的细节描写。

(12)删除涉及隐私的内容。

(三)加按语

加按语就是对原稿中的错误不直接改动,而以另外加按语的方式指出差错。有时新闻稿件中的差错不是记者或作者采访写作上的原因造成的,而是被报道对象客观上就存在的,如被采访对象提供的材料或者接受采访时的说法有问题有疑点,而且被报道对象客观上就存在的,如被采访对象提供的材料或者接受采访时的说法有问题有疑点,而且这些内容又比较重要,不能用删节的方式删除掉,也不能用替代的方式直接改为正确的表述,这时就可以保留原来的文字,而以加按语的方式指出错误,做法是直接在错误的文字后面加括号和标注,如:按:"×××"有误,应为"×××"。

二、压缩

稿件冗长在新媒体新闻初期并没有得到重视,但伴随人们阅读习惯碎片化的需要,新媒体编辑不得不重视稿件长度问题。文字简洁明了一直是新闻报道的语言要求。

压缩新闻稿主要从这几方面入手。

(一)对新闻导语的压缩

导语是新闻稿件的开头部分,是读者首先阅读的内容,其重要性不言而喻。所以,对新闻稿件的压缩,首先要看它的导语是否言之有物,是否简洁明了,如果长而空泛,就必须压缩。

(二)对新闻背景材料的压缩

新闻的背景资料是新闻稿件中必不可少的一个组成部分,它对于读者了解新闻中的事实与观点往往起着很重要的作用。但是背景材料毕竟不是新闻中最重要的东西,它只能处于一种"配角"的地位。因此新闻背景材料要做到用最少的语言,包含最多的信息。或者放在超链接中去详细展开。

(三)对新闻主体的压缩

新闻主体指主要报道新闻事实和观点的部分。压缩新闻主体,较常用的办法是先将新闻的主要事实和主要观点根据其重要性以及新闻主题关系的紧密程度进行"等级"划分:区分出谁是最重要、最应该保留的;谁是次重要、也应该保留的;谁是不太重要、可有可无的;谁是最不重要、可以省略的,等等。然后,只把那些最重要的、最能反映主题的内容保留下来。

压缩还有一种方法是保留原稿内容的基本框架,删除或用超链接展开具体事例或细节。这种方法主要用于综合性新闻稿件的修改。

三、增补

互联网先天的技术优势为增补创造了条件,也使增补成为新媒体新闻编辑的重点。新媒体编辑更注重"加法",通过添加,可以将一条"单薄"的文本新闻变成"丰腴"的多媒体新闻、融合新闻。

(一)添加的内容与方式

新媒体新闻的增补包括三类内容和两种方式。三类内容指新闻内容、互动内容和广告内容;两种方式指自动添加方式和手动添加方式。

新闻内容的增添包括基本信息的增加、新闻增值阅读的增加和新闻延伸阅读的增加。基本信息的增加有电头、来源、时间、责编等；新闻增值阅读的增加有图片、音视频、提要、摘要、背景资料等；新闻延伸阅读的增加有相关专题、相关新闻、关键词超链接、热词超链接等。

互动内容的增添包括直接互动的增加和间接互动的增加。直接互动有直接表达意见和观点的留言板、评论区等窗口，间接互动有转发、分享、挖掘以及链接到论坛、空间、博客和微博的转接按钮。

广告内容的增添包括24小时新闻排行榜、评论榜等新闻推广，新媒体频道的形象广告，文字或图片或视频的商业广告，电子商务广告以及搜索联盟的广告。

上述三类内容，新闻内容中的基本信息、互动内容和广告内容的增添一般设定为自动增添，即将这些内容写入新媒体新闻发布模板，并放置在固定的位置，轻易不会改变位置或在模板中剔除。新闻内容中的增值阅读和延伸阅读属于手动添加，需要编辑根据新闻报道的内容及其价值先进行判断，然后确定增添哪些内容。需要注意的一点是，不是每篇报道都要完整增添增值阅读和延伸阅读的内容，可以根据新闻事实相应配置。

(二)增添的操作技巧

无论国内还是国外的新媒体，在处理单条新闻时都高度重视编辑中的增添，通过增添扩展新闻价值、延伸新闻阅读、加强网民互动，力图做出立体化的新媒体新闻。

在新闻增值内容的增添上，主要有图片、新闻视频、新闻音频，丰富了新闻报道的形式，为网民提供了多样化的浏览选择；延伸阅读增添是针对新闻的深度内容，主要有相关数据图表、相关新闻事件、相关背景资料。

在互动内容的增添上有评论区让网民发表意见，间接互动有分享到QQ空间、微博、微信朋友圈等社交媒体超链接，还有转发到电子邮件的转发按钮，还有为网民提供打印、复印等各种服务的技术性功能。根据有关研究的统计,在一篇新媒体新闻报道里一般会有7~8个间接的互动接触点,这些互动接触点现在已经被一些网站写进新闻模板,成为新媒体新闻发布时的"标配"。

国内的新闻网站一般都将增添的内容置于主体文章之后,网民需要浏览完全部文章或者拖拽网页滚动条才能看到增添的内容或延伸阅读,互动版块更是在页面底部。这样的位置安排给网民的浏览造成了很大的不便,没有耐心的网民几乎不会拖拽到页面底部去浏览增添的内容,增添的意义也就此失去。

国外有些网站,如《纽约时报》网站将新闻的增添内容安排在文章的左右,左边为增值阅读内容,从上至下依次为图表、视频、相关新闻、音频、互动讨论、评论,这样的编排一方面符合网民浏览新闻时对内容需求的次序,另一方面也满足了网民在浏览正文时随时关注相关内容,随时移动鼠标点击进入的要求。同时,提供给网民评论的窗口在正文上下都有设置,这也是考虑到网民浏览新闻时受广告的干扰减少了,有利于网民更专注地阅读新闻。近年,人民网等实力较强的媒体互动设置也越来越科学。

增添是新媒体编辑经常性的工作,每一个编辑不但要时刻有增添的意识,还要懂得如何为一条网络新闻增添合适的各类内容,如何将给讲座增添的内容编排到适当的位置。增添得当,能增加新闻的厚度,提升新闻的品质;反之,则会成为新闻的累赘,变成阅读的负担。

四、改写

(一)改写的对象与方式

在新媒体新闻的编辑中,改写并不是一项经常性的工作。只有在面对特殊的单条新闻、需要重点强调的单条新闻或者需要技术处理的单条新闻时,才会运用改写的编辑手段。

新媒体新闻编辑中的改写主要是运用互联网的技术、网络的表现形式对内容进行的加工、包装和重新组合，对内容本身并不进行很大修改。

新媒体新闻的改写包括三个方面：一是针对新闻模板进行的技术性改写；二是针对冗长文章进行的分篇和分页；三是针对内容进行的整体包装和重组。

新闻模板是网络新闻系统中用于生成静态新闻页的标准化格式，编辑可以通过模板大规模、批量化制作出风格、样式统一的新闻，可以将日常新闻发布、更新、维护工作格式化、标准化，减轻工作量，提高工作效率。但是，模板是一种统一定制的预设模块，适用于一般的、普通的、大众化的新闻，而如果需要特殊处理的、个性化的新闻，模板系统就不能满足要求了。因此，编辑要学会一些网络语言，通过手工写入网页源代码对新闻进行技术性改写，部分改变新闻的呈现模样，比如模板设计的图片位置一般是居于新闻标题之下和正文之上，但如果图片与正文里的内容有密切的联系，就需要改变图片的位置，将图片插入与其直接有关的正文上下文之间，这时就需要在新闻模板里加入相关页面代码，手动改变图片的位置。

针对内容的改写主要是用网页语言、网络的表现手段等对内容进行加工、包装和重新组合。这些语言和手段包括字体、字号、颜色、行间距、底纹、线条、特殊符号、装饰图、超链接、网页结构、网页样式等。网民浏览网页是一种从上而下的、有顺序的、拖拽式的浏览，有时需要不断拖拽滚动条来照顾上下文的阅读、浏览，如果能采取一定的编辑手段和编辑技巧改写文章，就能让网民在滚动中抓住文章的重点，理解文章主题思想。比如对需要重点强调的段落用特殊颜色突显出来，对正文中的小标题进行加粗、加黑处理，都能便于网民的阅读，提高网民的用户体验度。

(二)改写的操作技巧

当前，新媒体阅读是一种扫描式阅读，也是一种浅阅读。网民能否将一条新闻从头至尾完整浏览，一方面取决于新闻内容的价值和可读性，另一方面取决于新闻的呈现形式给网民留下的直观印象。特别是对一条冗长的新闻，形式的包装在很大程度上影响并决定着阅读的效果。

新媒体新闻编辑中的改写对编辑有很高的要求。一是要熟练掌握各种计算机和互联网的技术手段,学会将这些技术手段与内容结合,用恰当的形式来包装相应的内容;二是要对改写的新闻慎重选择,不是所有的新闻都能拿来改写的,也不是所有的新闻都需要进行整体改写的,改写的目的是通过形式的包装来提升内容,而不是改变内容去迁就形式;三是要认真阅读原文,理解文章的核心和亮点,只有这样才能做到合理分拆文章结构,提炼摘选文章精华,确立改写后的页面框架,从而达到改写的目的。

五、分篇与综合

冗长的文章可以进行分篇、分页,将一篇报道从结构上拆分成几篇文章,每一篇文章只报道一个事件或诉求一个主题,在保持页面统一、美观的基础上最终形成层次分明、脉络清晰、有内在逻辑性的网络式的新闻。

综合的方法常用两种:

(1)对同一主题、同一事物、同一问题进行全面的概括。

(2)在一段时间内把同一主题的连续报道综合成一篇,作一次类似总结的综述,有述评色彩。

六、修改稿件的底线——改后不出新差错

(1)对于通讯社播发的重要政治性稿件,对于上级审定的稿件,内容上一般不允许改动。这类稿件有的可以删节,但也要特别留心。如要修改,原则是只改错,不改好。

(2)对本媒体资深记者的稿件,对在某个领域有特别专长的记者的稿件,不要无理由地随便大改。

(3)当有可能导致记者对编辑形成过强依赖性时,不要轻易改稿。这时,最好打回去让记者自己重写。

(4)尽可能不改变原稿的风格。

(5)没有说得出口的原因,不要轻易改。要做到每动一字皆有因。

(6)不要随便改自己不懂的东西。

(7)不要以点代面。

(8)不要随便改直接引语。

(9)不要随意拔高。

(10)不要在压缩和删节时,把生动的细节和有益的铺垫也删去;不要在删掉华丽辞藻的同时,还把新闻中一切描绘、背景、逸事、幽默统统删掉;更不要把核心的新闻事实删去。

第十一章　新媒体新闻标题制作

新闻标题可引导读者阅读新闻，也可表达编辑的思想倾向，表现编排意图。标题制作的好坏直接决定新闻的传播力，在新闻编辑工作中的地位举足轻重。题好一半功，这是新闻界的共识。如果标题制作把握不准，沦为"标题党"，新闻的导向作用将会受到严重损害。

对于"速读"的新媒体新闻而言，标题是引起读者关注的窗口，是激发读者阅读兴趣的魔石。新媒体新闻标题通常与正文不在同一页面的特性，决定了新媒体标题编辑比传统媒体标题编辑显得更加重要。受众只有点击自己感兴趣的内容标题，才能继续深入阅读。新媒体才能够实现传播信息的目的。

第一节　新媒体新闻标题制作特点

新媒体"读题时代"，标题已经成为受众识别新闻内容，判断新闻价值的第一信号，成为读者决定是否获取深层信息的第一选择关口。新媒体传播具有多媒体化、超链接、信息海量、交互性、及时性等特点，新媒体标题在传播功能、表现形式、语言特色及制作技巧上与传统媒体新闻标题都有不一样的地方，呈现出新媒体独特的个性特征。如何制作符合"速读"时代读者需求的标题，需要对新媒体报道的标题制作特点进行探究。只有熟悉新媒体报道的标题制作特点，才能掌握新媒体新闻标题制作技巧。

一、结构单一性

按照结构来分,新闻标题可以分为单一型和复合型两种情况。在以往的新闻报道中,为提升信息表达的精准性和有效性,很多记者编辑喜欢运用复合式的题目,然而在新媒体时代,新闻标题极易受到页面空间的限制,这就导致新媒体时代的新闻标题往往单行题较多。为了能够在页面主页容纳很多新闻标题,以便传递更多的信息,新媒体时代的新闻标题往往需要简明扼要,在主页面上用单一式标题并以列表形式排列,新媒体新闻如果出现两行或三行标题,势必会影响页面的美观,造成视觉上的混乱。另外,复合标题在制作和排版时要更花时间,也影响新媒体发布新闻的时效性。

二、实题性

标题的实题性是指新闻标题直接陈述事实。新媒体标题大多单行,所以需要选择最重要、最具体的事实和观点入题。当然,事实和观点入题可有所保留。如果该新闻最重要的事实与观点都在标题中展现,网友完全有可能不浏览正文。所以,新媒体新闻编辑在标题制作的过程中可以有所保留,适度增加一点悬念。

三、字符限制性

由于新媒体新闻阅读量主要来源于手机用户,那么新闻标题当然受到手机屏幕尺寸的限制,比传统媒体标题字符数少。

传统媒体可以用引题或副题来补充新闻主标题,但手机端的新媒体标题,若字符数过长,将被屏幕换行,标题过度占用屏幕,容易造成读者视力疲劳,也降低了单页面信息量,使新媒体新闻传播效果大打折扣。所以,新媒体标题越简明扼要,越有利于新闻传播,字符限制性特点鲜明,要求标题必须在20字之内,同时根据页面严格控制字数。

四、语言活泼性

与传统媒体相比,新媒体新闻标题制作较少受限于严格的语法、字词规范,创新体现在对网络语言、口语化的大量运用。

因搜索引擎主页的新闻排名中主要是通过筛选标题中的关键词,那么,新媒体的新闻标题关键词越多、越具体,就越容易被用户搜索阅读,也需要创新性地考虑标题制作的词汇使用。可以说,如果在新媒体的新闻标题制作中,不重视标题的创新性特点,就很难显出新媒体高效、与用户互动的优势,也很难吸引用户,特别是广泛使用移动互联网终端设备的年轻用户。

五、时效性

新媒体时代,新闻具有较强的实时性,只要有互联网,在全球范围内的任何时间、任意角落都会产生新闻报道。时效性是指新闻的时间差与新闻所引起的社会效应的综合评价指标量。新闻价值取决于新闻新鲜度,只有在新闻事实发生后,以最短时间刊发新闻,才能取得最大社会效应、凸显新闻价值。新闻是"易碎品",在新媒体时代,新闻时效性与新闻标题息息相关,如在新媒体主页面集中大量的标题,若不能迅速吸引读者关注,则新闻正文无人浏览,那么发布再快的新闻都丧失了时效性,对发布方和读者毫无价值;当下,很多新媒体新闻标题中频繁使用"刚刚""快看""定了"等字眼,就显示出这一特征。随着数字技术及互联网的迅猛发展,新闻也打破了以往"TNT"模式,即今天的新闻今天报道,而逐步转向"NNN"模式,即当前的新闻现在就报道,从而进入了实时报道的时代。

新媒体新闻要通过搜索引擎传播,搜索引擎是根据标题关键词和其热度来决定新闻在搜索结果中的排名位置,排名越靠前越容易吸引阅读,彰显新闻价值。因此在进行新媒体的新闻标题制作时，需要认真考虑标题的时效性特点，让标题符合搜索引擎的规律，以最快的速度引起受众的关注。

六、多媒体性

随着经济及科技的不断发展，多媒体技术得以在各个领域广泛应用，在丰富了新闻报道表达方式的同时，也对新闻标题产生了一定影响。比如，在微博、微信公众号，新闻标题上充分运用多媒体技术，增设一定的"视频集"和"现场图"等，使得文字信息能够与声音及视频信息一同发布，这也是传统媒体新闻标题不具备的优势。

新媒体新闻报道不是刊发一则新闻稿件那么简单，而是要在新媒体环境下迅速制作出符合新闻价值和读者需求的新闻标题，使新闻能快速及时地吸引受众阅读，发挥新闻应有的价值，这就要求新媒体编辑要把握好上述新媒体标题特征。

第二节 新媒体新闻标题编辑的原则

一、准确真实，题文一致

新闻标题要准确地概括新闻的核心内容、精神和实质，其中包括观点正确、文字精确、"题文一致"，这是制作标题的最基本要求。在新媒体新闻标题制作时，一定要用事实说话，保证题文相符，才能吸引并长久留住用户。

二、凝练简约，明快上口

能用一个字表达清楚，就不用两个字。新闻标题制作要善于概括，在锤炼字句上下功夫，以最少的字词传达尽可能丰富的信息。因此编辑要有惜墨如金的心理、以一当十的愿望、删繁就简的功夫、标新立异的诉求。另外,标题还应通俗流畅、朗朗上口,艰涩怪异的词汇容易让人产生误解。

三、精彩生动,新颖独到

精彩的新闻标题如传神之目,魅力无穷,往往令人拍案叫绝。精彩就需要运用各种表现手法,将真正的新闻点提炼出来,让人过目不忘。标题新鲜生动,要注意选词或采用多种修辞方式,以给新闻标题增辉添色。新颖独到就要尽力避免网站间新闻标题的同质化。

四、深刻鲜明,一语破的

制作标题要突出最新鲜、最重要、最有特点、最本质的实处,同时要有明确的是非观念和鲜明的爱憎情感。面对纷繁复杂的社会问题,作者和媒体必须明确表达自己的态度和立场,不能吞吞吐吐、闪烁其词、模棱两可。

第三节 新媒体新闻标题编辑步骤

一、阅读稿件

"题生于文",精心阅读稿件是制作新闻标题的第一步。在熟知稿件内容的基础上,找到最有价值的新闻事实、关键字句和重要的背景材料等,才可能做到题文相符。所谓"题好一半文",要做出好的新闻标题,首先就是要真实反映稿件中所揭示的事实和思想。所以,在编辑标题时,反复阅读稿件的事件往往比具体制题的事件还要长。阅读稿件,要做到以下几点。

1. 找到新闻事实

新闻标题有一个基本功能,即提示和概括新闻事实。但新媒体和传统纸媒有很大的区别。新媒体新闻标题是独立出现的,正文并没有紧随其后,只有通过标题上的超链接才可以看到新闻稿件的内容。比如,在网站的栏目之下,会同时出现数条标题,网络用户通过标题进行判断,点击自己想要阅读的内容。新媒体新闻标题是导读的关键性手段。作为新闻的"索引",新闻标题在一定程度上要求具有吸引力,要引人入胜,吸引眼球。但无条件地忠于事实才是制作新闻标题必须遵循的基本原则。新媒体新闻标题要忠于事实,即在概括浓缩新闻事实时,不可虚构事实,事实是"明月光",标题就不能是"地上霜"。那么,标题概括事实怎样才能客观地反映事实呢?那就是找到稿件内容中最新鲜、最重要、最有特点和最表现本质的事实。

2. 找到体现新闻事实的关键元素

为了使新闻更具吸引力,新媒体新闻标题往往一反传统,用"要素式"标题代替"概貌式"标题——即对多元主题的新闻不求全面概括,而是紧扣一两个最重要、最新或最反常、最有个性的新闻核心要素。标题制作中,关键元素的提取要善于围绕稿件主题捕捉读者最为关注的信息,对内容的概括往往可以从一个细节、一个侧面来入手,比如一个时间点、一个地点、一组颇为关键的数据等。

3. 找到体现新闻价值的背景

有些事实之所以具有新闻价值,就在于它具有特殊的背景。新闻背景是指新闻事实发生发展的历史条件和环境条件。历史条件指事实自身的历史状况,环境条件指事实与周围事物的联系。新闻背景对更完整、更全面、更充分地认识新闻事实的本质,突出新闻事实的新闻价值,发挥着不可替代的重要作用。新闻背景选择得恰当,运用得充分,新闻的主题思想就会被挖掘得更深刻,新闻价值就会体现得更充分;反之,新闻事实的新闻价值就难以得到充分的挖掘和表达。

二、构思立意

在阅读稿件、找到新闻事实之后,接下来的问题便是构思立意,即确定你的主题,你要表达的主要内容,你要用什么方式来表达你的意思,采用什么样的结构与什么样的语言。关于构思立意,可以从以下几个角度进行思考:

1. 虚与实

就新闻标题而言,往往有"虚题"与"实题"之分。那些概括事实的发生,以叙述为主表现具体的人物、动作或事件,不加渲染、烘托、评论的标题称之为"实题"。那些发表议论,以说理为主,着重说明某种原则、道理、愿望或对事态发表看法的标题称之为"虚题"。实题和虚题各有其特点。实题的特点为具体、形象、直接、信息明确,但缺乏概括力,较难体现普遍意义的新闻本质。虚题的特点为涵盖面广,易于揭示普遍意义和事物的本质,但同时也因为舍弃了新闻条件,与新闻事实有一定距离,因而具体性较弱。

2. 藏与露

新闻标题所要写的事实是多种多样的,美与丑、善与恶、喜与忧、感叹与气愤,编者对新闻事实也有着自己的态度和看法。这些态度有肯定的,如赞扬、支持、同情,有否定的,如揭露、嘲笑、讽刺,还有既不赞成也不否定的第三种态度。编辑制作标题时可以采用内容的取舍、词义感情色彩的选择、新闻来源的交代、背景的衬托、句式结构的不同等多种方式来进行意向的传达,从而引导一种正确的社会舆论,引起受众内心的共鸣,解决读者的困惑心理。

3. 雅与俗

新媒体受众的文化水平千差万别,理解能力参差不齐,为了增加新闻的吸引力和诱惑性,新媒体新闻标题往往具有引人注目、便于记忆、通俗易懂等特点。但新闻标题在强调"娱乐化"与"诱惑性"功能时,不能刻意突出色情、暴力、恐怖、低俗等负面内容。煽情和惹火的标题一定会将受众导向猎艳、猎奇的歧路。成功的新闻标题的拟定,要从受众的接收心理上寻找落点,分寸得当地制作标题,既保证新闻标题的新颖性与吸引力,又不能一味迎合部分网络受众低俗阴暗的阅读情趣。

当然,政治新闻或者面向专业人士的科技、财经证券类新闻,其标题制作可以稍微专业一些,严肃一些,"雅"一些;面向普通大众的社会新闻、娱乐新闻等,其标题制作可以通俗一些,活泼一些,"俗"一些。

三、遣词造句

在阅读稿件,弄清新闻事实,找到切入点之后,就涉及新闻标题的遣词造句,即如何运用词语、语法关系来组织好句子,让标题符合要求。在标题的遣词造句上,有如下几个方面需要考虑:

1. 单一句式的选择

在新媒体新闻中,一般使用的是单一式,较长的"单一式"标题中间会用空格来"换气"。对于新媒体标题而言,因为页面上要集纳很多标题,且要符合新媒体受众的阅读习惯,因此,新媒体新闻标题的制作就要求做到:速度要快、字数要短、提炼要准。这就使得新媒体新闻标题不得不大量使用短语,其主标题一般不宜太长,过长时中间会用空格来换气,换气后的标题在 10 个字左右。

2. 词序的安排

为了更好地吸引新媒体受众的视线,符合其阅读接受心理,在制作新闻标题的时候,要对词序进行较为合理的安排。新媒体新闻标题一般采用顺叙的写法,即"何人"做"何事",它的好处是符合人们的认识程序和语言习惯,一目了然。但是有时候为了增强新闻标题的吸引力,往往会将网络受众的关注焦点提前,采用倒叙的手法作题。

3.特殊元素的运用

为了使网络新闻更加新颖、独特,具有诱惑性,较多的网络标题区附近会添加符号词组单字作提示。很多网站会在网络新闻标题区附近标注一些特殊元素,如特定的表意符号、彩色文字或闪烁字母,甚至视频标识或图像,以提高视觉冲击力和新闻的"诱惑性"。如进入一些新闻网站,可以发现在其国际、国内、社会新闻分类栏上会标注一个红色的"新"字,提示阅读者这则新闻是最新发生的。

第四节 新媒体新闻标题制作方法

一、凝练概括新闻主要事实信息,做成实题且新闻点尽量靠前

制作新媒体新闻性事件标题时,直述其事,把新闻主要内容、主题思想,直截了当地标出来,无须加描绘。这类方法尤其适用于较为严肃的题材、内容特别新鲜的事件。

二、善于利用人物、地点、时间等新闻要素的显著性,使标题更有看点

(一)善于利用名人效应

针对普通人对名人的好奇或崇拜心理,新媒体标题在制作时可借助一些知名专家、权威机构、著名企业或品牌的影响力,目的是借势出击,从而增加读者的好感度与信任度。

(二)善于利用时间的显著性

2019年4月4日,新华网微信公众号在众多报道悼念因扑救四川凉山木里森火灾牺牲的烈士新闻中,标题突出清明节的时间显著性,简洁且突出哀思。

例 《4月4日,痛悼!》(新华网微信客户端)

三、善用网络语言,让新媒体标题更通俗、更口语化

(一)巧用网络用语,加深新闻标题的内涵、趣味性

网络用语是网络兴起的首要表现,巧妙地运用网络用语,将网络用语与新闻标题相结合,不仅能够极大地提高新闻标题的内涵、趣味性、神秘感等,还能够充分体现出新闻标题的形式美、内容美,最大限度地引起读者的阅读兴趣,提高新闻的阅读量。因此,只有巧妙地运用网络用语,将网络用语放在适当的位置,才能点亮新闻标题,为新闻增添一丝独特的魅力,从而使网络用语的价值在新闻标题中得到体现,强化传播效果。

与网络用语相结合是当下新闻标题的主要写作流向,而网络用语产生地也非常多,如网络视频、游戏热词、热门评论等,一不小心的一句话或者一个词都可能成为网络用语。网络用语,建立在原本的文化背景下,有丰富的文化内涵。当传播到一定程度时,网络用语便逐渐成为人们生活中的热词甚至是常用词。在新闻标题中添加这些热词与常用词无疑可以极大地增添新闻标题的趣味性。因此,巧妙地运用充满正能量的网络热词不仅能够充分地让新闻标题脱颖而出,也能够进一步满足当下读者的众多口味。

为了使新闻标题能够更好地吸引读者的眼球,在引用网络用语的时候,必须使其与新闻内容相匹配。标题来源于新闻,它可以称为新闻的眼睛,简洁适宜的新闻标题要说明一个新闻事实,突出其中最重要的新闻要素,揭示新闻中最新、最为本质的变动意义。为点亮新闻标题,适当地选用网络词汇绽放精彩,一定要紧扣关键性、个性化的新闻要素,选择适当的网络用语,以增添新闻标题的新颖性。

（二）标题制作偏向通俗、口语化

新华社的一篇"爆文"——《刚刚,沙特王储被废了》几乎人尽皆知,这篇9个字的标题、45字的文章,仅仅10分钟阅读量就突破了10万次,同时在朋友圈掀起了一股"刚刚体"风潮。正如该篇推文编辑关开亮所介绍的:"这篇稿件的走红有很多因素,但一开始主要靠的就是这一口语化、'接地气'的标题。我们在拟标题时,不妨把用户当成你的亲朋好友,你突然知道了一件大事,非常想告诉他们,这时,你脱口而出的话往往就是最好的标题。"

四、活用成语、谚语、俗语、歇后语

例如,《"烂尾楼"墙砖脱落　群众忧"祸从天降"》,祸从天降这个成语运用在标题中,形象地描绘出墙砖脱落可能造成的危害,让这则新闻更有冲击力和警示意义。

五、善用修辞手法,提升标题的艺术性

标题在文字上除了简洁、通俗外,还应力求生动。文字要优美,修辞要讲究,力求形神兼备,尽可能给人以较多的联想和美的享受。

比如,利用谐音双关。

例　吃葡萄不吐皮　德国4-0完胜葡萄牙

比如,善于引用。

例　北京"7·21":人在"游泳池"车陷"积水潭"。(引用地名,并对仗)

六、善用符号增强新闻标题的情感色彩

新媒体时代,受众的视觉本能让他们更倾向于包含多种元素的新闻,而符号,也是这多种元素之一。新媒体标题写作中的标点符号与表情符号的功能被放大,

新闻标题善用标点符号烘托意境,强化新闻的情感内涵,引发受众的好奇心。

(一)标点符号

两微一端的新闻标题中,感叹号的应用是最为常见的。

(二)其他符号

如今的新媒体新闻标题中,一些非标点的符号也渐渐加入。

比如《@所有人数十款世界经典老爷车在G20展馆等你!》(2017年4月5日都市报微信)。这种符号常见于微博评论区、微信、QQ聊天,其好处是能够精确地把你想要传达的消息传达给特定的人。除了符号,还有"VS""~"等符号。

七、鼓励在标题上的各种创新

(一)用文字的排序形象表达

例 油价又又又又下降

女生再再再再失联(2014年,油价第四次下调,同时第四位女生失联)

(二)组合式标题

例 别人的单位:10辆豪车发员工做年终奖

别人的论文:女博士抄29年前国外专著

八、注意网站、微信、微博、客户端的标题差异

因为传播渠道的不同,在相同的价值观下,移动端和PC端的标题存在不同的处理方式。

(一)长短不同

最直观的感受,移动端受限于屏幕尺寸,在标题字数方面比PC端少。一般情

况下,移动端字数为十几字,而 PC 端则达到二十多字。受此影响,在新闻点选择和标题风格方面,存在较大差别。

(二)呈现方式不一样

PC 端网站新闻首页导读标题与正文链接部分标题可不一致,首页导读标题通常比正文部分标题更为简洁。微信公众号标题列表呈现却与正文标题大多一致。

(三)标题内容、形式、语言风格有差异

"两微一端"的新闻标题在内容上喜用清单体、善于设置悬念、强化主观情感;在形式上分类意识强;在语言上善用网络词语,多用符号;语言风格也更为活泼,更加口语化。

1. 喜用清单体

习惯了"快餐式阅读"的人们,在浏览新闻时更倾向于量化的新闻信息,因此在编辑新闻标题时,新媒体编辑们会用数字归纳新闻的内容,让读者一目了然。

数字化。这类新闻标题中"几大""盘点"的关键字居多,且大量运用数字,在体现标题内容精准性的同时也起到了吸引受众眼球的效果。

列表式。清单体标题的内容大多为由上往下的列表式。清单体新闻标题的呈现可以减轻受众的心理压力和阅读的负重感。因此,清单体标题是很有必要的,也被各大媒体争相使用。

2. 善于设悬念

近年来两微一端等新媒体上的新闻标题出现了一些频率较高的词汇:"竟然、曝光、千万、真相、秘密……"这种利用夸张词汇赚取点击率的招数屡试不爽。如:《明明是"铁饭碗"为何有人愿意端？深山里的公务员生活竟是这样》(2016 年 12 月 11 日新京报微信),标题的"竟"字一下子吸引了受众的眼球,勾起了受众的阅读欲望,从而促使受众点击阅读以一探真相。

恰当的悬念能给文章带来高浏览量和点击率,但也存在悬念设置不当的现象。因此,传统媒体也好,新媒体也罢,二者都应该保持理性,做到有序的市场竞争。

3. 强化分类意识

两微一端在划分版块时往往会使用分隔符将新闻加以区分。这方面在微信与新闻客户端中体现较多。比如《人民日报》的微信平台有如下几个版块:

[提醒][健康][实用][荐读][夜读][关注],这几类一般为生活类的文章,事关人们的衣食住行。[提醒]多为住行方面,[健康]多为饮食方面,[实用]多为生活小窍门,[荐读]和[夜读]会推荐优秀书单或文章,[关注]则为一些热点话题的报道。

4. 语言更加口语化,表态较多

例#《高铁"座霸"男被处治安罚款200元记入铁路征信体系》(人民网及人民日报客户端)

第十二章　新媒体图片编辑

在传播形态、传播渠道、传播技术手段发生变革的今天，以语言文字为主要表达方式的文本信息传播方式正在转向以图片和音视频为呈现方式的多媒体影像信息传播方式。以"易读性"为突出特征的图片图表就成为众多媒体的选择。图片新闻的纪实、直观、形象、瞬时、简约等特点让信息以形象直观、清晰明了的视觉传达方式有效地消除了受众阅读疲劳，并带来了阅读时的愉悦和舒适。图解、信息可视化正成为媒体重要的传播手段。

第一节　图片新闻的特点及种类

一、从"读图时代"到"信息可视化"

1982年，美国诞生了一家全国性的报纸《今日美国》。其创办人纽哈斯思索将对该报纸进行突破创新，改变其传统冗长烦琐的篇幅，大胆地转换成彩色照片配合简短的文字，以迎合当时快餐化的时代。正是因为他明确的办报思想，在创刊之初，便首次在版面上大量采用大幅的彩色照片，以一种活泼新颖的视觉性非语言符号在西方报坛上独树一帜，揭开了报纸行业改版的新热潮，从此报业发展进入了一个新的发展时代——读图时代。

网络新闻媒体发展的不断深入，网络编辑人员正逐步将从传统媒体发展起来的用稿观念——从"重文轻图"到"图文并重"发挥到极致。目前国内的各大新闻网站纷纷开设图片频道,就是最好的例证。如人民网、新华网、环球网、新浪、腾讯、网易等知名网站均开设有图片频道。目前,多数商业门户网站和传统媒体网站都纷纷开设图片频道,网络图片频道的发展正渐趋成熟。

可视化是将"数据信息和知识转化为一种视觉表达形式,是充分利用人们对可视模式快速识别的自然能力"。目前,可视化发展经历了计算可视化、数据可视化、信息可视化、知识可视化等阶段。

二、图片新闻的优势和特点

图片新闻是新闻现场的摄影纪实,是视觉新闻的一种。文字信息属于主观地描述对象的符号,而新闻图片却是客观地呈现对象的符号。作为一种简洁而有力的表现手段,它是一种"易读信息",能起到活跃界面氛围和调节人们情绪的作用。

(一)形象生动,现场感强

图片新闻以图文结合的方式加强感知度和认知度,具有直观而形象的特点。图片弥补了文字的抽象性,使原本枯燥的文字变得活灵活现,这种视觉冲击赋予了新闻鲜活的生命力。受众在阅读图片新闻时,按照通常的阅读顺序,一般会先看照片,紧接着就会看照片的文字说明,然后回到照片上,所以有视觉冲击力的新闻照片能在第一时间抓住受众的眼球。

文字新闻易受编辑记者主观意识的影响,而图片新闻是对发生事件的直观回放。图片是对事件发生时刻的记录,这种事件瞬间定格的效果可以唤起并延续受众对客观事物的某种情感,增强了传播效果。

(二)直观性强,辐射面广

图片新闻能准确而有效地传播新闻信息,促进不同国家、地区、民族间的交流合作。与文字比较,图片新闻突破了教育程度的限制,能够满足不同文化程度受众获取新闻信息的需求。"有图有真相",图片能够提高受众对新闻事件的信任度,使其自觉接受新闻媒介的引导。在互联网传播过程中,利用"图像映像"的方式,将一张新闻图片分解成若干引出新闻报道的链接。

三、媒体上常见图片种类

(一)照片

照片可分为新闻照片与非新闻照片两大类。

新闻照片就是对具有新闻价值的人、物、景的拍摄,重现人、物、景的原貌,再现新闻现场情景的照片。它可以作为独立的新闻报道出现在媒体上,也可以配合文字一同编发。

非新闻照片则不具备新闻照片的新闻性、时效性,如对自然景观的拍摄、为一些明星拍摄的艺术照等,这些照片一般不作为独立的报道体裁编发在媒体上,但可以用作装饰媒体,用作艺术欣赏,或者配合某些文字报道编发。

(二)图示

图示包括统计图表、示意图和新闻地图三类。

统计图表就是将统计数字制成表格图,便于读者集中阅读,一目了然。

示意图不但将统计数字集中绘制成图,而且用形象化的手法表示这些数据所说明的意义,如用曲线图、柱状图表示一段时间中数据的变化走势,使数字的类比或对比更加鲜明生动。特性是以形表实和以形示意。示意图常用来表达政治、经济、军事形势。这类形势图有的单独发表,或与新闻述评和综述配合发表。图表中的数字、事实和地理位置都必须严格真实。

新闻地图则是根据标准地图,将新闻发生地的地理位置绘制成更加简洁明确的地图。特性是以形表实,间有表意的情况。地图的绘制不能随意,必须严格按地图原来的比例来表明地理位置。可配合文字新闻发表,只表明新闻事物的地理因素,或作为独立的新闻地图发表,配以文字说明,着重从地理位置来传播某类新闻信息的全面情况。

图示一般配合文字报道使用,近年相对独立的图表新闻渐多,很多新媒体都专门开辟数据新闻栏目。图解新闻也成为一种受欢迎的新媒体报道形式。

(三) 漫画

漫画是美术作品的一种,特点是以高度夸张、风趣幽默的表现手法揭示社会生活中的问题和现象,激发读者的兴趣,引导读者联想和思考。时事漫画或风俗漫画,特性是借形表意。意指作者从众多的社会现象抽象出来的某种意见和倾向,形指各种形象和形式,能够有趣或夸张地把作者的意见和倾向表达出来。又有很强的新闻性,常作表扬、批评甚至争辩、斗争的手段。

根据新闻事实进行艺术加工的新闻漫画,时效性强,经常放在新闻报道里。

反映社会生活现象的社会性漫画,通常放在漫画专栏里。

图解式漫画,以及连环漫画、幽默漫画常用来配合文字报道。

(四) 速写

以现实的新闻人物和事物为对象的绘画创作。抓住其瞬间动态形象速写成画,以传播新闻信息。特点是绘形,不能将新闻人物和事物完全还原成本来面目,且不能采取绘画的典型创作手法。

(五) 图饰

图饰不传播任何新闻要素信息,只是界面的一种装饰。图饰一般是用美术图案点缀和烘托界面,使整个界面设计更加美观生动,恰当地运用图饰还能使界面编排思想得到更加充分的体现。

四、新媒体图片编辑的职能

(一) 图片编辑的起源

1920 年以来,德国《慕尼黑画报》的总编辑、世界摄影史上的奇才罗伦德开创了图片编辑工作的先河。图片编辑是指对图片进行选择、剪裁、配文字说明的过程,也是指一种专门从事这些图片传播活动的工作岗位,以及在这个岗位上工作的人。

(二) 新媒体图片编辑工作内容

为了继续探索图片编辑的作用,首届全国新闻图片编辑研讨会于 2002 年召开,图片编辑职能成为研讨会上探讨的重要议题。有学者认为:"图片的职能蕴含两个层面,首先是指对主管编辑图片、组版图片的工作,第二个方面包括对图片的编辑和引导工作、组织策划组稿与组办设计工作。"

从图片的选择到图片的版面布置、图片大小的确定、图片说明的撰写,新媒体图片编辑的基本工作流程和传统媒体的图片编辑是相同的。所有图片编辑的核心目标都是为读者提供优质的视觉信息,帮助读者解读新闻,吸引读者阅读,给读者带来视觉上的愉悦。

新媒体图片编辑的主要工作包括寻找焦点图片、制作图集、为文稿配图、将适合做成新闻稿的图片推荐给文字编辑和美术编辑、图表制作、技术支持合作完成特别专题的制作等。

在新媒体工作的图片编辑需要一种非线性思维,新媒体的内容生产是随时随地的,在对图片进行集纳、整合和挖掘之时,可以在任何需要的时候与相关的视频、音频、漫画、图表进行链接,要实现这些目标,图片编辑的工作方式需要紧密围绕团队合作展开,要有创造力,敢于打破边界。

互联网是一个无穷的空间,大到似乎扔进多少张图片都不能填补,这使得图片编辑工作的任务重、压力大、节奏快,并且因为一切工作都在流动中,缺乏一种"作品感"。但好处是,在这个无穷的空间里,图片编辑的工作没有版面的限制,"烹饪"的素材也变得丰富,同时有了更多大显身手的可能。图片编辑要适应互联网信息的快速流动,并学会享受这个过程,因为即刻传播影响广泛、反馈直接,这些都能给图片编辑带来成就感。

第二节　新媒体图片来源

"内容为王"是媒体行业始终不变的铁律。任何一家媒体若要获得核心竞争力,必须拥有内容资源,内容才是传播基础。然而,随着互联网技术的迅猛发展,汹涌而来的信息有时使人无所适从,从浩如烟海的信息海洋中迅速而准确地获取自己最需要的信息,变得非常困难。"信息爆炸"使得单纯的信息已经不是吸引受众的主要因素,能不能得到具有应用性的有效信息才是受众的首选。

作为不少网站的一个固定频道,图片频道的内容选择是其塑造自身个性与品牌的重要因素之一。频道的内容来源、内容设置、叙事方式与话语结构以及新闻价值取向,都是其内容选择的重要组成部分。

一、内容来源

纵观各大主流网站的图片频道,图片的内容来源总的来说,可分为两种,即原创和转载。如果细分,不同网站的图片频道的内容来源不尽相同,大致有以下几种。

(一)来自传统媒体的图片

主要包括传统媒体记者用数码相机或智能手机等电子产品拍摄的现场照片。

如果在新闻现场拍摄不到合适的照片，但又需要表现当时的场景，这时美术编辑会手动绘制新闻速写或新闻漫画。这些都可以成为网络媒体图片的来源。

(二) 来自其他图片网站

一般来说，一些专业图片网的图片内容非常丰富，种类繁多，图片编辑可以从中选择所需图片。例如中国新闻图片网、全球素材网。当然，除了这些专业的图片网站之外，一些主流网络媒体的图片频道，也构成了不少网站图片频道的内容来源。如新华网图片频道、人民网图片频道以及环球网图片频道等。

(三) 本媒体记者原创

"内容为王、外链为皇"这句话众所周知，外链固然重要，但原创内容也是不可忽视的。原创内容是每一家新闻媒体区别于其他媒体的重要标志，有助于网站形成自己的特色，塑造自己的品牌。

尤其是在如今激烈的媒体竞争环境中，一家网站若想取得长足的发展与进步，必须具有一定的品牌意识，长期靠转载其他媒体的内容而存活，这样的网站注定没有生命力，更谈不上发展。不少图片频道也认识到了这一点。

(四) 特约摄影师的艺术创作

进入互联网时代，新闻摄影的竞争也异常激烈。摄影记者不可能都会在第一时间出现在新闻现场，随着数码相机、智能手机的普及，越来越多的人具备了第一时间捕捉影像的条件与能力，公众的摄影作品成为职业摄影师作品的有力补充。

目前，很多新闻机构都在新闻报道中广泛采用业余摄影者拍摄的各种素材。于是，发展特约摄影师或是签约摄影师在当今媒体行业内已普遍流行。

(五) 来自网站摄友团

网络时代的挑战，仅靠专职摄影记者是不够的，而遍布在全国各地的摄影爱好者则可以提供很大的帮助，他们的作品内容往往贴近生活，鲜活多样，有效地丰富了媒体的图片内容。

(六)来自网络论坛

新媒体最大的特点是即时性与交互性,而网络新闻传播的即时性决定了信息传播的不可控制性,由于对象的虚拟化,网民正从信息的阅读者向制造者转变,网络论坛就是最突出的代表。

论坛是网络媒体与网友互动交流的纽带,也是一家网站最活跃的地带。这里有最广泛的民意基础,可以直接窥见网友的心声,同时可以增进网站的互动性。

二、媒体编辑如何拓宽图片稿源

(一)建立稳定的图片通讯员队伍

社会发展到今天,数码相机与智能手机的普及使得"人人都是摄影师"成了现实。如果媒体能够建立稳定的图片通讯员队伍,编辑的图片稿源就会越来越丰富。

当然,摄影作者因专业能力的不同,提供给媒体的图片质量也会参差不齐。因此,编辑需要对摄影师队伍进行区别管理,建立不同等级的数据库。一方面与具有较高新闻素养的优秀摄影作者签约,相同条件下优先采用稿件,并相应提高图片稿酬,但这部分摄影作者人数不宜过多;另一方面鼓励更多的摄影爱好者积极投稿,这部分人提供的图片质量不一定很好,但往往最接近新闻现场或贴近生活,特别是关于火灾、交通事故等突发事件的报道,编辑采用的图片也许就是某个摄影通讯员的手机照片。

媒体在拓展图片稿源时,还要根据媒体的受众群体建立相对应的图片通讯员队伍,这样提供的图片针对性强,采用的概率也高。例如,教育类媒体编辑可在各学校教师中建立图片通讯员队伍,财经类媒体编辑可在具有一定摄影基础的金融从业者中建立图片通讯员队伍。由于党报党刊类媒体主要读者为党政机关干部,如果建立起党政机关图片通讯员队伍,通过分布在各行业部门通讯员定期报送的图片稿件,编辑在编刊过程中会更加游刃有余。

(二)自建摄影平台发现优秀摄影作者

编辑获取图片稿源的途径是摄影作者通过媒体公布的邮箱、云盘等上传摄影作品,这种摄影作者与编辑点对点的单线联络虽然便捷,但编辑的图片稿源始终处于被动状态。由于摄影作者与编辑之间缺乏互动交流的平台,无法调动更多外围摄影师的参与,也较难发现新的优秀摄影师。因此,媒体要尽可能建立自己的摄影平台,或网站(论坛)、微信公众号等。媒体建立起自己的摄影平台后,应定期维护、更新图文内容。一般来说,摄影论坛是摄影作者最活跃的地方,他们可以在论坛中自由发布自己的摄影图片,获得不同摄影作者的点评及编辑的关注。媒体编辑一方面通过点赞等方式鼓励作者多上传图片,另一方面能够及时发现高质量的配图用于版面编辑。

媒体建立起自己的图片平台后,要充分发挥自身线上线下互动功能。媒体编辑可定期推出主题性征稿活动,让摄影师"躺在电脑里睡觉"的图片发挥作用。

要想帮助资历尚浅的摄影爱好者树立信心,挖掘更多的"草根"摄影师加入投稿队伍,媒体编辑还可推出"我要上封面""我要上头条"等征图活动,定期留出部分重要版面给年轻摄影作者。当一名摄影新人的图片作品刊登于媒体头版或封面时,对其精神鼓励是巨大的,也会激发其更大的创作热情,成为媒体忠实的摄影作者。

(三)参与举办各类活动获得图片稿源

近几年来,新媒体对图片的使用量也在急剧增加。由于新媒体在图片稿酬上较传统媒体有更大的优势,一定程度上分流了传统媒体的优秀摄影作者。要想在媒体竞争激烈的情况下获得优质独家图片稿源,媒体编辑就必须另辟蹊径,多参与策划和主办各类主题活动。承办摄影比赛是获得独家图片稿源的捷径。如今，举办摄影大赛已成为各地区、各单位宣传自身形象的载体，通过举办摄影大赛，不仅能够吸引大量的摄影爱好者的关注，评选出的优秀摄影作品还可用于举办摄影展及媒体宣传。对于媒体编辑来说，每次摄影大赛都是一次储备图片稿源的机会，当然主办方不会无缘无故让你使用获奖作品，这就需要活动前期的介入，如供职媒体作为活动的协办方或支持媒体，在有条件的情况下刊登新闻通稿或征稿启事，以获得主办方图片的使用授权。

策划组织进行专题拍摄，也是编辑获得图片稿源的方式。媒体编辑组织摄影师进行专题拍摄有两种情况：一种是受某部门或单位委托，支付摄影师劳务费进行专题创作，摄影师将符合主题的摄影作品提供给主办方和媒体使用，不再支付摄影作者稿酬。

（四）通过图片维权取得摄影作者的信任

长期以来，国内许多领域对图片版权意识不够重视，造成图片侵权行为越来越普遍。特别是步入数码摄影时代，图片的获取变得非常容易，许多摄影爱好者或专业摄影师会将自己的摄影图片上传至互联网上与大家分享，其中某些图片因符合媒体或商家需求，未征得摄影作者同意就直接使用，甚至未付稿酬及署名，造成了对摄影师的侵权行为。图像版权也可以称作图像著作权，是指作者对其创作的图像作品（包括摄影照片、影片等）所享有的专有权利，图像版权归属于图像作品的创作者，这是我国《著作权法》中明文规定的关于图片版权的叙述。

有人说，编辑与作者应建立挚友的关系。优秀的编辑善于团结优秀的作者在身边，使之成为良师益友。编辑有时候还得承担摄影师"经纪人"的角色，这是因为媒体刊登某摄影作者的图片时，有可能被相关部门、企业等机构看中，通常情况下需求方会首先联系媒体编辑，咨询图片的使用情况以及作者的联系方式，此时编辑千万不能自作主张，在未征询作者意见的情况下将原图发送给对方，编辑应主动与摄影作者取得联系,告知其图片的需求信息,主动为摄影作者和需求方建立联系通道。只有当媒体编辑时刻站在摄影图片作者的立场上,维护图片作者的权益,才会得到摄影作者的完全信任。媒体在拓展图片稿源的方式上形式各异,但都应建立在自身媒体特点的基础上。当然,除了以上谈到的策略外,还可以通过评选年度优秀图片作者、建立摄影读者俱乐部等拓宽图片稿源。只有通过编辑长期的努力,媒体图片稿源的空间才会越来越大。当前已经进入读图时代,作为媒体编辑来说,需要将图片稿源拓展作为一项长期的工作,只有这样,"图片从哪里来"才不会成为编辑部的一句口头禅。

第三节 图片新闻的选择

文字新闻也好,图片新闻也罢,核心都是新闻。所以,在选择图片新闻时,需要对此新闻卖点、价值、信息增量和价值观进行判断。作为新闻的载体,图片需要有一定的信息含量,如新闻人物面孔、新闻发生的现场,或是与新闻有关的事物等。图片本身要有一定的冲击力,注重特写图片。

一、新媒体图片使用原则

(一)图片要有视觉感染力、冲击力

图片新闻使受众对新闻事件留下较深的印象并且不会产生过多的主观臆想造成新闻失实。新闻图片的感染力越强,其获得广泛传播的可能性也就越大。通常情况下,新闻摄影作品需要捕捉到新闻事件中最具代表性的瞬间,给受众以强烈的视觉冲击,并让受众直观辨别出新闻事件的要点所在。不同对象,其典型瞬间表现形式的含义有所不同,或是最有代表性的瞬间;或是最生动的瞬间;或是最富特征的瞬间;或是最能说明问题的瞬间等。

(二)新闻性高于艺术性

新闻图片首先应该是新闻,新闻性要高于艺术性。如果新闻图片缺乏新闻信息含量,仅剩一个空洞光鲜的外壳,它就失去了存在的价值基础。所以,媒体应该首先考虑的是图片的新闻价值,其次才是进一步考虑其艺术性。

(三)最大化承载信息量

图片是一个瞬间的凝固,无法让受众对新闻事件的完整过程有直观了解,这一特点使其与视频、音频等具有流动性特质的载体相比有局限性,这就要求新闻记者在捕捉影像时需要对事件进行深入的分析,选取受众最想了解的部分进行拍摄。

(四)客观平和,导向积极

能够对人们产生视觉冲击的新闻图片并不一定都是积极向上的,有一大部分突发、灾难性新闻,或者社会公众事件的图片可能会对受众产生不良刺激,甚至会对受众造成负面影响,这就需要新闻从业者在拍摄过程中,通过正面的拍摄手法,例如视角的独特性、表达的创造性等增强作品的感染力。

另外,在新闻摄影作品的创作过程中,新闻工作者还需要用平等平和的心态,冷静客观的态度去描述新闻事件,在图片拍摄过程中要尊重新闻当事人的感受以及受众接受程度,让新闻摄影作品更客观、更积极、更健康。

二、图片选择技巧及注意事项

(一)时效(时机)优先,兼顾品质

以新闻发布的时效性需要为前提,提倡选择质量上乘的图片作为图片报道的素材,但不能因为等到更好的图片而错过报道发布的最佳时机。在特殊时效要求下,可以使用视频截屏得到的图片作为报道素材。同时也要尽量注重图片的品质感,要求图片无颗粒、构图合理、色彩漂亮、富有张力。

(二)在图片报道中,注意图片素材的排序

一般来说,需要结合事实陈述、景别区分、用户接受底线来规划。承载核心、关键信息的图片需要靠前排陈列,比如核心现场、关键瞬间、主要人物等;可能超出读者接受底线又是必要信息的图片后置,并在其出现前留出黑底白字提示页面。如:以下图片可能会引起部分读者不适等编辑提醒话语。

(三)不使用违背新闻事实和不合法的图片

新闻中使用的图片必须保证真实,没有经过虚假处理。所有图片必须经过法律层面的授权许可,以保证版权的合法性。不能直接从包括百度、谷歌等搜索引擎下载图片,更不能使用未经作者授权或采购的其他媒体及图片交易网站的图片。使用来自社交网络的图片,必须确认其真实性和合法的版权。

(四)充分尊重图片版权机构和版权人的署名权

(1)署名统一格式为"机构名称姓名摄(摄并文)",空格相间。合作媒体及自由摄影师图片按约定署名。

(2)稿源采自传统媒体、通讯社和官方网站。来自微博和自媒体发布的新闻,对其真实性必须有足够的证据核实,并经过图片频道负责人批准。

(五)注重图片使用安全

(1)杜绝使用违反政治要求、破坏宗教和谐、刻意强烈刺激读者感官的图片。不选择影响政治安全的旗帜、符号、图形、口号、外文等元素,图片中包含政治人物、国旗、国徽时要注意是否合理合法。

(2)不选择与民族、宗教、习惯风俗严重冲突的图片。

(3)不刻意使用暴力、血腥等强烈刺激感官的图片。

(4)不使用含有色情信息的图片。

第四节　新媒体图片的编辑制作

一、新闻图片数字化加工的原则

新闻图片只允许对图片的色温、颜色和对比度进行真实方向的调整，适当地裁剪图片以获得更佳构图；不允许为了迎合美感所进行的非真实方向的色温、颜色和对比度的调整；不得对图片拉伸、变形、镜像翻转以适应页面需要；不得改变图片中记录的实体内容和元素；在适当情况下可以因需要将彩色图片调整为黑白图片；严禁任何原因的图片变形处理；谨慎合理地使用图片拼接。

二、图片的剪裁

剪裁是图片编辑工作中的一个重要环节。在拍摄中，摄影师如果不能获得一个完美的画面，这种缺憾可以通过剪裁来改善。同一张照片经过不同的剪裁，在页面上会出现不同的视觉效果。

不过，图片编辑对照片的剪裁要非常谨慎。尽量不剪裁照片，以防对摄影师工作产生歪曲。好的图片编辑应该提醒摄影师在拍照时就注意用镜头获取最合理的图像，而不是通过剪裁来弥补。如果必须要剪裁图片，以下是剪裁图片的一些准则。

（一）为准确传递信息而剪裁

这是图片编辑决定剪裁的关键步骤，所有的剪裁都应该以信息的传递为本。

（二）为图片的视觉冲击力而剪裁

构图对图片很重要，如通过剪裁可以改变视觉趣味中心的位置，改变水平线的位置,也可以让照片中局部的细节得到突出。

(三)为减少视觉噪声而剪裁

图片编辑要把拍摄目的不明确、画面构图杂乱无章的照片中的累赘部分去掉,找到视觉重点。

(四)为页面设计而剪裁

若一张横画面在页面上不好安排,可以考虑一下是否可以裁成竖片,不过竖片在大多数情况下不宜裁为横片。

另外,图片编辑也可以考虑是否可以将图片裁成异型图片,这些照片将会大大丰富页面的视觉语言。

还有其他一些特殊的剪裁方法,比如把一张不出色的照片剪裁成一张或两张精彩的照片,这称作破格剪裁,可以获得强烈的力度感和趣味性,它通过推翻原来画面构图格局、改换原有主体,甚至采取分割原画面的方法,组织成新的构图格局。

还有就是照片被抠底的情况。由于PS等软件的出现,照片抠底变得越来越容易,抠底照片的运用也越来越频繁。但需要注意的是,抠底是一种比较活泼的表现方式,通常用在体育、休闲娱乐等事件的表现中,重大的新闻、政治事件,一般不会用抠底的表现方法。

在剪裁的过程中,图片编辑要注意不要因为剪裁而改变照片的原意,不能剪裁掉照片的关键内容,另外,照片的剪裁也不宜过狠,应该保留必要的空间,尤其是照片中的留白是为了烘托照片气氛的时候,更不能随便剪裁。

三、图片的压缩

网站现在都力推高清大图,但在有些位置上还需要对图片进行压缩处理,缩减图片文件容量以符合网页的要求。一般首页、正文页 400×300 像素左右的大图片文件大小不超过120K,首页100×50像素的小图片文件容量不超过40K,通栏Banner图片不超过150K,装饰性小图容量不超过5K。控制图片容量与图片效果会产生一定的冲突,因此可以利用图片软件在压缩过程中选择"生成Web所用格式图片"功能,以保证压缩后的图形不变形、不失真。

四、修正图片

包括为图片添加水印、为图片部分区域加马赛克效果和修正图片中的瑕疵。随着网络著作权、版权意识的增强,越来越多的网站选择对自己的原创图片、独家图片添加带有网站标志的水印。在添加水印时要注意添加位置与照片内容的关系,水印不能遮盖图片的重要内容,一般在右下角、背景透明,不透明度为60%。对于图片中不适宜的内容,还需要添加马赛克或其他技术进行覆盖处理。修正图片中的瑕疵仅限于不影响主题的瑕疵,不得对图片内容进行修改或因为瑕疵修改而影响图片原意。

五、拼合图片

图片的技术处理都是为了新闻报道的需要,有些新闻报道需要将图文融合为图片加统一格式的文字标题,有些需要将多张图片合成为一张图,集中展现主题,有些需要从视频或网页上截图拼合,从不同角度阐释说明。这就需要利用图片工具完成相应的技术处理。在拼合时要考虑图片与文字、图片与无图片之间的相关性、逻辑性,无论是横向拼合还是纵向拼合,都以整体协调、视觉愉悦为原则。

六、图片的文字说明和标题

新闻照片除了要有吸引眼球的画面之外,富有文采的标题和简洁明了的文字说明也很重要,一个贴切又有文采的标题,对揭示新闻主旨和吸引受众注意力的作用是很大的。

给新闻照片拟制一个好标题,写一段清楚简练的文字说明,与拍好一幅新闻照片一样,本都是摄影记者必须要精通的基本功。但现实中,某些摄影记者不太擅长写文字说明,对拟制生动的图片标题可能难以胜任。所以,图片编辑就必须担负起给新闻照片梳理出一段简洁而又生动的文字说明和富有文采的标题,这样才能有效地提升新闻照片的传播效果。

标题对新闻照片的传播作用比之文字新闻来说,更为重要和关键。因为照片画面对内容表达的指向往往不太明确,大家对同一画面会有不同的理解。这时,一个指向明确而又富有文采的标题,不仅可以极大引起受众对照片的浏览兴趣,还可以提示受众对照片所蕴含的丰富的形象语言去做准确的解读。所以,对一个合格的图片编辑来说,会做标题、做好标题是一项必备的基本能力。

给照片起标题遵循准确、简洁、生动三个原则。

所谓准确,就是标题要准确地概括照片的内容和主题;所谓简洁,就是要用简练的语言去表述新闻内容,不能太冗长、太啰唆;所谓生动,就是尽可能运用恰当的修辞手法将标题拟制得有文采,引人入胜。

准确是基础,简洁为阶梯,生动为目标。在追求生动时,必须以准确为前提,标题概括不准确,那么一切就失去意义。这三个原则做起来并不容易,具体编辑时还需要注意很多细节。

(1)尽量点明主题涵盖的主要内容。

(2)不仅要"实",还要找出"关键"。

(3)叙述描述不能太啰唆。

(4)用词要规范,措辞要严谨。

(5)注意用词含蓄,留有悬念。

(6)要轻松诙谐,让人有联想。

(7)要注意适当渲染。

(8)要恰当运用修辞。

第五节　新媒体图片新闻的展现

新媒体中图片的应用形式多样呈现,主要包括以下五个方面:

一、简单图文组合

多数情况下,新闻照片在新媒体中的使用是采用简单图文组合的方式,这又包括两种情况:一是以新闻照片配合文字新闻;二是以文字说明配合新闻照片。

二、焦点新闻照片

焦点新闻照片是我国新闻网站或新闻频道首页普遍采用的一种图片表现方式。一般出现在页面的左上角,形成视觉中心,吸引读者注意力。

三、新闻图片专题

新闻图片专题就是报道摄影是围绕一个主题,用一幅以上的照片去构成故事,以便更深刻、更充分、更完美、更强烈地表达这个主题。新闻图片专题开始于19世纪中后期。目前,新媒体尤其很多门户网站都设立了自己的品牌图片栏目,如新浪图片频道的《看见》栏目发展得一直很好。

四、图片幻灯

在新媒体中,图片幻灯是一种常用的形式。它是运用动画技术将图片组成一个连续播放的单元。这种形式常常被用于集纳同主题或非同主题的新闻照片。

五、与其他手段整合为多媒体报道

(一) 360 度全景图片

比如,"人民网 360 度全景看天下"是人民网摄影记者精选两年内拍摄的各类重大新闻事件和城市地标,通过 360 度全景呈现,让您身临其境,以一种多视角、立体化的视觉效果,感受来自不同场景下多姿多彩的风景线。

(二) 三维立体图

三维立体图,就是利用人们两眼视觉差别和光学折射原理在一个平面内使人们可直接看到一幅三维立体画,画中事物既可以凸出于画面之外,也可以深藏其中,给人们以很强的视觉冲击力。

(三) 瀑布流式图片

刷朋友圈不用翻页,一直往下或者往上滑动即可实现卷轴式的阅读;同样地在使用图片分享服务或者分享社交服务时,也没有上一页、下一页的概念,用户上下滑动即可无尽无休地阅读下去。这种像高山流水一样瀑布式的阅读方式随着移动互联网的普及逐渐流行开来,成为用户体验的新风尚。

第六节　新媒体图片编辑的失范与规范

一、网络新闻图片造假的种类

网络新闻图片造假是指新闻工作者没有如实的描述事件本身,报道的图片内容没有真实反映客观事实,或者反映得不一致,存在误差甚至扭曲。对新闻图片造假的归类分析,可以总结为几种情况。

(一)新闻事实造假

事实造假即新闻图片传递的新闻内容与新闻客观事实本身不相符,不论是图片与客观事实不符还是文字说明与客观事实不符都构成事实造假。新闻图片必须要准确地反映出新闻现场,但是现实中的新闻图片造假现象总是不断出现,这其中文字造假是较多的。新闻的本质就是"就事论事",将真实的现场展示给受众,新闻中的要素、情景、人物都必须是真实的,真实性是新闻的生命,而新闻摄影必须要遵守真实性这一基本原则,没有到新闻现场是无法获得具有新闻价值的现场信息的,更不可能获得真实的新闻形象。

(二)新闻形象造假

新闻形象造假指新闻形象的获得不是自然发生的,而是人为安排的,摄影者以"导演"的身份通过对要素加以安排而获得新闻形象。"新闻摄影记者在拍摄的过程中要在不干涉对象的基础上抓取最能反映事物特征和本质的瞬间",这是新闻的基本立场,一旦摄影者在拍摄过程中有所作为,那么就构成了新闻图片造假,新闻形象造假中比较常见的就是"摆拍",即"导演式"的拍摄。新闻图片的传播要求其中的每一个要素、每一个事实都必须是真实的,且必须与新闻事实完全一致,在互联网环境下,新媒体新闻图片在互联网中可能会被无限传播,影响极广极大,如果新闻图片造假,对社会的影响将会是十分恶劣的,所以必须要杜绝造假,这也是新媒体良性发展的需要。

(三)新闻本质造假

新闻报道需要能够客观反映事实,但是现实中很多新闻本身就是扑朔迷离的,新闻摄影者必须要拨开表象看到本质。而新闻本质真实就要求新闻摄影者能够较好地分辨出表象事物中的本质是什么,这在现实拍摄中是比较困难的,需要新闻拍摄者有求真的精神,而且具有良好的洞察力,才能获得本质性的拍摄。

二、新媒体新闻图片造假现象的主要方式

数码技术的实现是催生新闻图片造假的一个重要技术因素,而新媒体传播的开放性使人们对新媒体新闻图片的真实性加以怀疑,加上被证实的很多图片造假问题的困扰,人们对新媒体新闻图片的造假方式有了一定的研究,细数起来大约有三大类:导演式造假、图片文字与新闻不相符造假、技术手段造假。

(一)"导演式"造假

"导演式"图片造假即常说的摆拍,是新闻摄影记者为了获取自己主观的形象记录而通过设计人为地安排场景,对图片中的要素进行安排,从而获得想要的形象效果,此时的摄影者就像是导演进行电视、电影的拍摄。这是新闻图片造假的最原始方法,这种摆拍的图片不尊重客观事实,是被禁止的,但是导演式图片造假却开始蔓延。

导演式造假的目的有很多,有的是为了拍出更有特点的照片,有的是为了显示某种目的,有的是出于政治目的。但是摆拍的照片让人一眼就能看出其中的问题。网络新闻图片也必须要尊重事实本身,要展示新闻现场的实际情况,这种摆拍的新闻图片完全不能显示出其价值。

(二)图片文字与新闻不相符

在信息社会,新闻由图片和文字两部分组成,图片可以展示新闻发生的瞬间,但很多时候文字也是图片无法代替的,所以文字和图片是新闻的两大主要截图,共同对新闻现场加以展示,图片或文字出现造假,就会使新闻失真,图片文字与新闻不相符主要有以下两种情况:

1. 真新闻事实假新闻图片

真新闻事实假新闻图片是指新闻事件报道的内容本身是存在的,确有其事,但

是却附上非真实的图片,存在图片造假现象。

2. 真新闻图片假新闻事实

真新闻图片假新闻事实是指新闻图片本身是真实的,但是却配以非真实的新闻说明,甚至文字说明是歪曲的。

第十三章　新媒体音视频编辑

当下,纵观我国新媒体,直播、音频、短视频和融媒产品成为创新重点。传统媒体顺应新时代用户使用习惯和场景变化,突破传统的文字形式,提供导向正确和具有公信力的直播、音频和短视频产品,赋予内容产品时代新定义,成为当下传统媒体和新媒体融合的主要方式。譬如,新华社不断完善基于互联网的新型供稿库产品功能,打造"卫星供稿线路+全媒体供稿库"新模式,升级面向新媒体用户的多媒体发稿线路,推出面向视频机构用户的短视频供稿专线,持续改进产品结构,提升服务体验;坚持内容创新,以时政类微视频为支点,把主旋律与微传播相结合,推出一批浏览量过亿的融媒体产品。

第一节　声音与新闻报道

相比于传统"看"新闻,越来越多的人开始"听"新闻。音频新闻是一种听觉传播,伴随音频技术与移动互联网的发展,音频使用范围不断扩大,使得人们对音频新闻的需求也随之增加。利用音频制作新闻报道也越来越普遍,各种音频电台也随之出现,越来越多的优秀音频电台和节目受到受众喜爱。

音频新闻是利用声音符号对新近或正在发生的事实进行的传播,它可以是一般的口播新闻,也可以是包含了各种音响的音响报道。音频新闻过去依赖于广播这一媒介。广播的媒介特性使音频新闻产生了一些不可避免的弱势,例如,转瞬即逝,不可保存,只能线性收听。但是,伴随数字技术与互联网的发展,新媒体却在很大程度上克服了声音传播的这些缺点,并且给音频新闻与其他形式新闻的结合带来了各种可能性。这不仅有利于音频新闻的发展与创新,也为融合新闻的发展开辟了更广的空间。

一、声音在新媒体新闻传播中的作用及特点

(一)声音在新媒体新闻传播中的作用

在新闻传播中,声音的运用有两层含义,一是运用声音符号传播新闻信息,二是在新闻报道中运用各种新闻音响。

在新闻传播中,声音有着自己独特的作用。运用声音,可以使新闻传播具有人际传播的某些特性,在一定程度上可以提高传播的效果。声音对于文字信息,是一个有力的补充。一方面,它可以帮助人们感受现场气氛,体会情绪。另一方面,它也可以起到"证实"的作用,由事件当事人或旁观者说话,比作者自己说话更具有说服力。

声音对于视频,也是一种重要的辅助手段,很多时候,两者是不可分的。例如,在电视新闻报道中,声音对于视频的补充作用主要体现为以下几个方面。

(1)简洁地提供新闻信息。利用语言的概括性,可以简洁而清楚地传达新闻信息。

(2)对影像信息进行补充。在电视新闻中,某些内容无法找到相应的影像素材,这就必须依靠声音。

(3)传达影像无法表现的主观信息。一些人物的内心活动、思想观点,都需要通过声音来传达。

(4)引导受众正确理解影像信息的含义。为了去除影像的多义性,语言的辅助是十分重要的。

（二）声音在新媒体新闻传播中的特点

在新媒体新闻传播环境中,声音传播具有以下特点:

(1)可驻留性。新闻网站提供的音频新闻,常常是非实时传播,它们长期存在,用户可以根据需要随时收听,而且大多数情况下,可将新闻下载到本地电子接收终端反复收听。这就形成一种驻留性,这一特点有利于提高音频新闻的传播效果。

(2)播放过程的可控性。在新媒体传播中,运用播放器后,可以利用相应的方式来控制新闻的播放,既可回放,又可快进。受众对于音频新闻的接收过程可以个性化。

(3)可整合性。音频信息可以通过超链接等手段,与其他内容联系起来。恰当运用这一特性,可以将声音与其他形式的信息有机地结合,更好地发挥声音信息的作用。

(4)伴随性。声音传播独有的特征就在于它是唯一的非视觉媒体,在当今"乱花渐欲迷人眼"的多媒体时代,唯有广播担负起了解放人们双眼的重任。"伴随性"包含两层含义:一是指人们在收听音频新闻时可以边听边做其他事情,这时的音频新闻是作为"背景媒介"出现的;二是指音频新闻可以私人化地贴身收听,可以想听就听,这时又具有了"贴身媒介"的功能。

伴随性可以细分为两类:一是在运动状态下的接收,如乘汽车、坐火车、外出散步等,这就是俗称的音频的移动收听,我们把这一类称为"移动性伴随";二是指音频是一种"私人化"的充满情感张力的贴身媒介,可以用耳机隐蔽接收,既不干扰别人,又在一定程度上维护了收听者的隐私,姑且把第二类称为"情感性伴随"。

伴随性可以使音频得到移动收听、贴身收听,也可以充分拓宽受众想象力的空间,同时伴随性可以强化声音传播的亲密感、归属感。但单一的重复信息或长时间收听也会给受众带来听觉疲劳,而且受众听音频新闻时具有不专注性的特点,大都是处于半注意收听的状态,多数人是一心两用,是边收听广播边做其他事情。那么,听众半注意的收听状态极容易错过一些有用或重要的信息。

(5)强制性。声音对于接收的人来说,有一种强制性。视觉信息可能被人的眼睛忽略,但是声音一旦存在,就无法拒绝,除非关闭声音播放功能。这种强制性对于提高传播效果,也具有一定的意义。

(6)环境依赖性。尽管声音在新媒体中传播具有一定的优势,但是,它的传输与播放,在很大程度上依赖于新媒体传播环境。声音文件一般容量较大,所以传输起来比文字信息要费时。如果网络传输条件不理想,就会影响到信息的接收。音频新闻的播放,还需要有一定的专门设备与专门软件。因此,音频新闻的传播效果取决于新媒体传播各个环节的环境,它很难做到总是达到预期效果。

以上这些特点给音频新闻的发展带来了新的可能性,也使音频新闻成为新媒体报道中不可或缺的一部分。

二、音频新闻音响的种类

在新闻报道中出现的声音统称为新闻音响,主要包括以下几类。

(一)新闻事件的实况音响

也就是在新闻发生过程中出现的各种音响,例如,人的交谈、人物活动发出的声音等。这些音响与报道主题直接相关,合理地运用它们,可以给人强烈的真实感与现场感。通常这种音响也称为主体音响或典型音响。

(二)新闻事件中的人物访谈

即记者在新闻现场对于当事人或相关人的采访。这类音响素材的采集,可以在记者的有意控制下进行,因此,可以有效地实现记者的传播意图。从采集角度来看,声音的质量也比较容易得到保障。

(三)新闻现场的环境音响

指在新闻发生的现场中出现的环境性声音。例如,当采访在运动场进行时,运动场的欢呼声就是一种环境音响。当采访在风大的山上进行时,呼啸的风声也是一种环境音响。环境音响有时对主体声音的质量产生一种影响,对记者的录音能力也是一种考验。但是,如果运用得当,也可以很好地营造现场气氛,让听众身临其境。

(四)音响资料

音响资料指的是在以前采集的与本新闻报道相关的声音素材。它往往用于提供新闻的背景材料,丰富报道内容。这与文字新闻稿中背景资料的作用是类似的。

(五)音乐

在某些报道中,可以适当地利用音乐,以渲染气氛,或者在报道中形成间歇、缓冲与过渡。

但是,音乐并不是音响报道中的主角,作为配角,在使用时应注意量与度,以免喧宾夺主,也要避免与其他音响相混淆。

三、音频新闻的种类

新媒体音频新闻是对传统的广播新闻的继承与发扬。很多新媒体的音频新闻直接来源于传统媒体,因此,在体裁分类上,一般还可沿用传统广播新闻的分类,包括以下三个方面。

(一)音频消息

这是音频新闻中最普遍的、最主要的一种形式。它是由播音员口播的消息稿件。

(二)音频通信

音频通信是与报刊通讯类似的一种体裁,也是口播的通讯。可融叙述、描写、抒情、议论于一体。它的容量较大,不仅可以记事,还可以写人。它的形式灵活、手法多样,富于情节性。

但是,在新媒体新闻传播中,运用声音形式制作的通信较少。

(三)音响报道

音响报道是带有新闻音响的报道的统称。包括录音新闻、现场报道、录音专访、录音通讯、录音特写、录音评论、录音剪辑等。

如果从新闻中是否运用了新闻音响来区分的话,可将音频新闻分为两大类,不运用新闻音响的口播新闻与运用新闻音响的音响报道。

第二节 音频新闻的采制与编辑

要在日常报道中或多媒体报道中充分运用音频新闻,首先要保证音频新闻的质量。无论是本网站进行音频新闻的采制,还是对来源于其他媒体的音频新闻进行筛选、编辑,都需要从新闻性和技术性两个角度进行考虑。

一、音频新闻的新闻质量控制

(一)音频新闻的新闻价值判断

就像其他形式的新闻一样,音频新闻必须具备一定的新闻价值,才具有在网络中传播的意义。

音频新闻的新闻价值同样主要体现为时新性、重要性、显著性、接近性、趣味性等几个方面。

除了这些基本的价值判断以外,评价一条音频新闻的价值还应该判断它是否充分发挥了声音的特长。在网络环境中,使用声音会增加网络传输的负担,因此,一般网站会限制音频信息的数量,这时就应该尽量选择那些需要或者适合用声音表现的新闻题材。

(二)音频新闻的新闻形式与手段运用

针对不同的报道对象,可以采用不同类型的音频新闻,运用不同的新闻形式与手段。合理、有效地运用相应形式与手段,是制作出合格的音频新闻的基本要求。同样,对音频新闻进行编辑时,也需要对形式与手段运用的正确性、合理性做出判断,对于具有一定新闻价值但不符合音频新闻传播要求的新闻,需要做出一定的修改。

1.音频消息

音频消息的制作分为稿件写作与播音两个部分。在音频消息的写作中需要注意以下几个方面。

1)遣词造句的口语化

(1)采用谈话式的风格,多用通俗的词语,不要使用难以理解的书面词语。

(2)使用短句,以求明白易懂。

(3)尽量不使用不易理解的比喻。

(4)多用双音词,少用单音词。例如,不用"可"而用"可以",不用"应"而用"应该"。

(5)避免使用易被误解的同音字、词,例如:致癌——治癌,切忌——切记,报酬——报仇等。

(6)多用语气词,少用"虽然""但是""因为""所以"等关联词。

(7)限制使用数词,如果出现了过于复杂的数字,应该尽量采用概数的方式来简化。

2) 消息结构的合理安排

(1) 短小精悍。

(2) 按照人们的视听习惯安排内容。例如,必须先指出人物,再引用他说的话,而不要先出现引语。人物身份等信息通常应该出现在姓名之前。

(3) 叙述上,应该保持叙述的顺序性和连续性,避免时间上或空间上的过度跳跃。在写好音频消息稿后,还需由播音员朗读才能完成消息的全部制作,这时需要达到的要求包括:声音洪亮、吐字清晰;讲求节奏,断句合理;读音准确。

2. 录音新闻

在录音新闻中,音响要尽早出现,这样能很快地向听众传达出现场感,通常在信息的导语前或者导语中就应该使用声音素材。

在选择音响素材时要紧扣主题,并有助于阐明报道的主题。在主体部分,应该采用典型音响。音响素材应该与文字稿紧密配合,内容组织的逻辑性要强。

3. 现场报道

现场报道是记者在新闻现场边采访、边解说、边录音制作的一种新闻形式。适合于那些备受关注、场面集中、具备典型音响的新闻事件的报道。在网络新闻传播中,与现场报道对应的是音频直播。

在现场报道时,解说是一条串联素材的红线,作用非常突出。在进行解说时,记者应该做到表达条理清楚、描述准确、情绪恰当,同时,头脑要灵活,能够随时对现场的状况做出相应的反应。另外,在解说时,应尽量采用口语。

4. 录音专访

录音专访是记者对某个人物、事件或问题进行专题访问的一种音响报道形式。

(1) 首先选准采访对象。

(2) 做好充足准备,设计好提问的提纲,注意提问的方式。

（3）善于把握采访的进程，帮助采访对象突出谈话重点，以便获得预期的声音素材。

二、网络音频新闻的技术质量判断

无论是在何种类型的节目中使用声音，都需要使声音的采集与制作达到一定的质量水准，音频新闻也不例外。具体来看，应达到以下基本要求。

1. 达到一定的响度要求

即声音的响度合适，有适当的力度感，有适当的动态范围，能听清音乐的低潮和高潮。

2. 有效控制噪声

具体体现为，没有明显的声源以外的持续性噪声，如磁带噪声、交流噪声及与内容无关的环境及背景干扰声等。

3. 声音保真度高

各种声源的声音能正常还原，无频率失真和音色变化，无明显的持续地过荷失真和饱和失真现象。

4. 具有真实感

声音的制作应反映声源的真实特点，音质变化自然流畅、恰到好处，节目的受众透过声音能感到与人物的感情交流。

5. 恰当进行混合处理

在进行多重声源的混合处理后，声音应交织、融合在一起，有整体感，层次分明，主次清楚。

6. 声画对位、衔接自然

视频节目中的声音，还应符合节目的整体构思和整体处理要求，声画同步，内容相符。节目前后场景转换时,声音的过渡和转接处理使受众感到自然。

三、音频新闻在网络中的应用

(一) 单媒体应用与多媒体应用

单媒体应用,指的是音频新闻是独立的,没有与其他形式新闻配合使用。新媒体音频频道的新闻报道大多会选择此种形式,通常以音频消息为主。

多媒体应用,是指音频新闻与其他媒体形式的新闻内容融合在一起,形成相互配合的关系。常见的多媒体应用方式有以下几个方面。

1. 音频新闻配合文字新闻

在文字新闻中插入音频新闻,以便增强新闻报道的现场感、生动性和证实性等特点,提高新闻报道的说服力。

2. 文字稿件配合音频新闻

传统广播媒体发展建设的新媒体在音频新闻的原创方面有自己的优势,但新媒体具有多媒体特性,所以新媒体的音频新闻稿件不应该是广播新闻的简单翻版。为了满足受众对音频新闻的理解,可以与文字稿件进行融合报道。

3. 图片幻灯整合音频新闻

在图片新闻中融入音频报道,可以让受众有全方位的直观感受。比如当图片中出现人物,可以加入有关人物的音响素材。

4. 多媒体专题运用音频新闻

在融合新闻中,加入音频可以丰富受众的听觉体验,加深受众对新闻事件或表达主题的认识。当文字、图片、音频、视频等媒介元素融合在一起时,可以做增强新闻报道的表现力与感染力。

(二)非实时应用与实时应用

非实时应用是目前音频广播的主要形式，也称为点播。它使用灵活，方便保存。实时应用是音频信息的发布与接收同步进行，一些时效性很强的新闻，通过实时方式发布，可以更好地吸引受众的注意力，也提高信息受众接收信息的时效性。

第三节 视频新闻概述

作为不同于传统的文字新闻，甚至不同于传统的声画新闻的一种新的新闻报道形式，视频新闻正在成为新闻传播的新宠，构建起了新闻传播的新景观，各路媒体纷纷试水。视频新闻声画结合，一帧胜千言，信息量大，传播力强，具有较强的互动性和嵌入性，采制、发布、接收便利，在电脑和移动终端普及的今天，受到受众的欢迎，前景广阔。当然，作为一种新事物，视频新闻也面临着"成长的烦恼"，比如信息传播的碎片化可能消解新闻的专业性和深度，视频造假可能导致"高级"假新闻的出现等，这些问题有待解决。

一、视频新闻概念

视频新闻是运用现代电子技术手段，以活动影像、声音等为传播符号，对新近或正在发生的事实进行的形象化的报道。

视频新闻这个概念，很多业内人士是有质疑的，这种质疑主要有关新闻资质，作为视频新闻的主力军，大部分的网站并没有获得名正言顺的采访权，没有采访，谈何新闻。从媒介形态的角度看，视频新闻已经有别于传统的电视新闻。有一段时间，很多电视人把视频看成电视的转换形式，从固定的电视机到移动的网络终端，电视似乎并不会消亡，它只是换了一种新的形式继续存在。

二、视频新闻与电视新闻的区别

视频新闻和电视新闻的差异至少有以下三点。

（一）电视新闻有更多的权威性，而视频新闻则有更多的亲和力

这很容易让人想到吸引力和影响力的关系，传统的看法往往是，你吸引的常常是你可以影响的。但是，今天的情况发生了微妙的变化，你在吸引对方时可能就已经放弃了影响，或者说你吸引的并非是你想要影响的。

传统的电视新闻之所以保持着很强的权威性，在相当程度上是因为传统媒体的机构性，换言之，传统媒体一般来说都有一个强大的传播机构，这一点无形中提高了传播者的传播地位。而视频新闻则有浓厚的自媒体色彩。这里，我们还可以把视频新闻划分为两部分，一部分是由传统媒体制作的，这是传统媒体向新媒体转型的尝试，这部分视频新闻仍然保留着某种程度的传统媒体风格，并且它获得了更多的政策支持；另一部分则是由商业网站和自媒体提供的。

（二）短视频激活了视频新闻

虽然电视新闻也有短消息，但在碎片化传播的时代，短小精悍似乎不是电视新闻的长处，反而视频新闻在这个领域如鱼得水。从书到刊物，再到报纸，经过广播和电视，最后来到了网络时代，我们看到的是人类阅读单位的不断缩小。阅读速度加快的一个明显标志是阅读单位的减小，甚至于在网络中，我们可以看到视觉阅读单位也在变小，比如短视频。我们的阅读单位往往会影响我们的阅读能力，包括我们的理解能力。

短视频能够异军突起的一个重要原因就是播出平台的改善，如今我们几乎可以在所有的媒介平台看到短视频，特别是在社交媒介上短视频更加活跃。典型的像新浪微博，短视频已经成为它不可或缺的组成部分。

(三)视频新闻的话语结构不同于电视新闻

具体来说,就是视频新闻常常五音不全,也就是新闻要素不齐全。我们看传统的电视新闻时,一般都会觉得新闻讲述得很清楚,时间和地点以及人物等新闻要素一应俱全。而看视频新闻的时候,则会有不同的感觉。因为传统电视新闻应该有五个 W 和一个 H,而视频新闻基本上只有一条线,没有记者和编辑,只有目击者和拍摄者。

三、我国视频新闻发展现状

近 5 年来,中国在线视频市场规模年均增长超过 50%,有关机构预测,未来 5 年在线视频量将增长 14 倍,70% 的手机流量将消耗在视频上。可以说,新媒体正向可视传播发展。

广播电视新媒体报道实现全面融媒体传播,涌现出一批"现象级"原创融媒体产品。

第四节 视频新闻的摄制与编辑

一、网络视频新闻的摄制

网络视频新闻的摄制与传统电视新闻比较相似。

(一)运动摄像

运动摄像,就是利用摄像机在推、拉、摇、移、跟、甩等形式的运动中进行拍摄的方式,这是突破话框边缘的局限、扩展画面视野的一种方法。

运动摄像符合人们观察事物的习惯,在表现同定景物较多的内容时运用运动镜头,可以变固定景物为活动画面,增强画面的活力。

(二)镜头的组接

在拍摄时,往往要对一个对象拍摄多组镜头。但这些镜头只是一些原始的素材,最终完成的片子,需要将原始素材进行有机地整合。整合的一个基本工作,就是根据编辑者的意图,将镜头组接起来。

影像镜头组接时的依据主要体现在以下几个方面:

(1)人们的认知习惯与接受逻辑。

(2)镜头的长短。不同景别的镜头长短应当有所不同,对固定镜头而言,一般来说:全景:6秒以上;中景:3秒以上;近景:1秒以上;特写:1~2秒。对于移动镜头,时间长短应以交代清楚所要表达的内容、动作内容完整、节奏协调为取舍标准。

(3)事物的运动状态。

(4)镜头运动。这是以镜头的运动为依据进行画面编辑,常以动接动、静接静、动接静、静接动为基础,其中以动接动、静接静两种方法更常用。在组接时,要防止镜头运动之间、运动镜头与固定镜头之间的编辑点产生视觉跳动。

(5)景别。镜头在组接时,景别跳跃不能太大,否则就会让观众感到太突然、不知所云。

(6)人物的心理活动与情绪。可以选择人物情绪的高潮处,如喜、怒、哀、乐等,作为图像编辑点。利用情绪的贯穿性来切换镜头,可获得紧凑而不露痕迹、一气呵成的结果。

(7)声音。即通过声音之间的关系或声音与画面间的关系来组接镜头。

(三)镜头的转场

转场也是一种镜头的组接,但它指的是不同空间不同场景的两个镜头之间的衔接。

（1）利用空镜头。

（2）利用特技。

（四）镜头组接与蒙太奇

在视频新闻中，可以在必要的情况下使用蒙太奇，但是不能滥用。主持人应该根据视频的时间长短和节奏快慢，调整自己的语言内容和叙述方式。

二、视频新闻的数字加工

（一）视频新闻编辑原则

视频编辑主要遵循合理剪辑、声画同步、处理规范三个原则。也就是注意画面内部形象组合的逻辑性及时空变化的合理性给观众带来的冲击力，在遵循最基本的"动接动""静接静"蒙太奇手法的基础上，选择适当的形象素材，并以一定的角度、景别将它们组合起来，既要考虑到画面的完整性和声画对位，又不要盲目地进行"图文解字"。

（二）常见的视频格式

（1）AVI，音频视频交错（Audio Video Interleaved）的英文缩写。AVI 这个由微软公司发表的视频格式，在视频领域可以说是最悠久的格式之一。AVI 格式调用方便、图像质量好，压缩标准可任意选择，是应用最广泛的格式。

（2）MOV，使用过 Mac 机的朋友应该多少接触过 QuickTime。QuickTime 原本是 Apple 公司用于 Mac 计算机上的一种图像视频处理软件。QuickTime 提供了两种标准图像和数字视频格式，即可以支持静态的 *.PIC 和 *.JPG 图像格式，动态的基于 Indeo 压缩法的 *.MOV 和基于 MPEG 压缩法的 *.MPG 视频格式。

（3）ASF（Advanced Streaming Format 高级流格式）。ASF 是 MICROSOFT 为了

和现在的 Real player 竞争而发展出来的一种可以直接在网上观看视频节目的文件压缩格式。ASF 使用了 MPEG4 的压缩算法,压缩率和图像的质量都很不错。因为 ASF 是以一个可以在网上即时观赏的视频"流"格式存在的,所以它的图像质量比 VCD 差一点点并不出奇,但比同是视频"流"格式的 RAM 格式要好。

(4) WMV,WMV 是一种独立于编码方式而在 Internet 上实时传播多媒体的技术标准,Microsoft 公司希望用其取代 QuickTime 之类的技术标准以及 WAV、AVI 之类的文件扩展名。WMV 的主要优点在于:可扩充的媒体类型、本地或网络回放、可伸缩的媒体类型、流的优先级化、多语言支持、扩展性等。

(5) NAVI,如果发现原来的播放软件突然打不开此类格式的 AVI 文件,那你就要考虑是不是碰到了 n AVI。n AVI 是 New AVI 的缩写,是一个名为 Shadow Realm 的地下组织发展起来的一种新视频格式。它是由 Microsoft ASF 压缩算法的修改而来的(并不是想象中的 AVI),视频格式追求的无非是压缩率和图像质量,所以 NAVI 为了追求这个目标,改善了原始的 ASF 格式的一些不足,让 NAVI 可以拥有更高的帧率。可以这样说,NAVI 是一种去掉视频流特性的改良型 ASF 格式。

(6) 3GP,3GP 是一种 3G 流媒体的视频编码格式,主要是为了配合 3G 网络的高传输速度而开发的,也是目前手机中最为常见的一种视频格式。

简单地说,该格式是"第三代合作伙伴项目"(3GPP)制定的一种多媒体标准,使用户能使用手机享受高质量的视频、音频等多媒体内容。其核心由包括高级音频编码(AAC)、自适应多速率(AMR)和 MPEG-4 以及 H.263 视频编码解码器等组成,目前大部分支持视频拍摄的手机都支持 3GPP 格式的视频播放。

(7) REAL VIDEO,REAL VIDEO(RA、RAM)格式一开始的定位就是在视频流应用方面的,也可以说是视频流技术的始创者。它可以在用 56K MODEM 拨号上网的条件实现不间断的视频播放,当然,其图像质量和 MPEG2、DIVX 等比是不敢恭维的。毕竟要实现在网上传输不间断的视频是需要很大的频宽的,这方面是

ASF 的有力竞争者。

（8）MKV，MKV 是一种后缀为 MKV 的视频文件，其频频出现在网络上，它可在一个文件中集成多条不同类型的音轨和字幕轨，而且其视频编码的自由度也非常大，可以是常见的 DivX、XviD、3IVX，甚至可以是 RealVideo、QuickTime、WMV 这类流式视频。实际上，它是一种全称为 Matroska 的新型多媒体封装格式，这种先进的、开放的封装格式已经给我们展示出非常好的应用前景。

（9）FLV，FLV 是 FLASHVIDEO 的简称，FLV 流媒体格式是一种新的视频格式。由于它形成的文件极小、加载速度极快，使得网络观看视频文件成为可能，它的出现有效地解决了视频文件导入 Flash 后，使导出的 SWF 文件体积庞大，不能在网络上很好地使用等缺点。

（三）常用视频编辑软件

1. Adobe Premiere

一款常用的视频编辑软件，由 Adobe 公司推出。现在最新版本为 Adobe Premiere Pro CC2018。是一款编辑画面质量比较好的软件，有较好的兼容性，且可以与 Adobe 公司推出的其他软件相互协作。其是视频编辑爱好者和专业人士必备的编辑工具，是易学、高效、精确的视频剪辑软件。Premiere 提供了采集、剪辑、调色、美化音频、字幕添加、输出、DVD 刻录等一整套流程。

2. EDIUS

EDIUS 是专为广播电视后期制作环境而设计的一款非线性编辑软件，拥有完善的工作流程，为音视频制作提供了实时、多轨道、多格式混编模式，具有合成、色键、字幕和时间线等输出功能。EDIUS.6 让用户可以使用任何视频格式，甚至能达到 1080P 50/60 或 4K 数字电影分辨率，同时 EDIUS.6 支持所有业界使用的主流编解码器的源码编辑，当不同编码格式在时间线上混编时，无须转码。用户无须渲染就可以实时预览各种特效,EDIUS.6非线性编辑软件是混合格式编辑的最佳选择。

3. U lead Media Studio Pro

Media Studio Pro 是由著名的 U lead 公司(友立资讯)出品的一款 Video 视频制作软件。其是一套专为所有追求最新、最强、最高质量数字影片技术的玩家及专业人员所设计的超强软件,包括影片捕捉、剪辑、绘图、动画及音频编辑五大模块的强大功能,更支持最新 DV 与 IEEE 1394 应用及 MPEG-2 影片格式,可以制作出具有专业水准的影片、录影带、光盘、网络影片。

4. Video Studio

俗称会声会影,最新版本为 Video studio 2018。其是一套有趣又灵活的视频编辑工具,可使用视频模板,在片刻之间完成影片,并且拖放特效以获得期望的外观。可以直接在预览窗口中快速地编辑并剪裁、重设大小以及设定媒体位置。运用改善的控件在影片中平移镜头或特马图片圆面。可在时间轴上结合相片、视频和音频。Video studio 2018 提供 1500 多种特效,新增独一无二的标题、渐变效果、特效和图形,轻而易举地调整各个视频轨及图层的透明度。

5. 爱剪辑

爱剪辑,一款用于安卓手机的视频编辑应用,操作简单,可以轻松剪辑制作视频,支持海量影像效果的自由搭配,丰富的文字编辑方式,更有图片美化功能,让你随时随地制作视频,快速上传到视频网站,同时分享到各大社交网站,制作视频就是这么简单、快乐、随意。

主要特点有以下几种。

(1)多种屏幕比例选择。

(2)原创背景音乐。

(3)实时拍照、摄像、录音。

(4)多种炫酷转场效果。

(5)自带时尚 MV 滤镜效果、FX、动画效果等,各种效果可重叠使用。

(6)可下载导入官网提供的 2000+效果。

(7)5 种文字编辑模式,多种文字进出场效果可选。

(8)添加个性化的片头片尾。

(9)图片美化功能,调整图片的饱和度、色彩以及添加马赛克等效果。

(10)视频编辑过程中,随时进行预览播放及调整效果。

(11)视频及音乐随意剪切。

(12)随意添加个性的 logo。

第五节 短视频

一、短视频概念

短视频即短片视频,是一种互联网内容传播方式,一般是在互联网新媒体上传播的时长在 5 分钟以内的视频传播内容;随着移动终端普及和网络的提速,短平快的大流量传播内容逐渐获得各大平台、粉丝和资本的青睐。

二、短视频发展概述

2018 年 3 月 2 日,两会前,人民日报的人民视频客户端一上线,便投入两会报道的媒体方阵中。其短视频栏目《两会夜归人》,将镜头对准参与两会报道的媒体人,近距离感受媒体人的所见、所闻、所思,在秒拍总播放量近 500 万次。

实际上,国外新闻报道很早之前就出现过短视频元素。早在 2012 年,《赫芬顿邮报》联合创始人、前主席及该报前首席执行官创办了 Now is the News。而 Now is the News 就是最早开创短视频新闻的公司。随后,前 AOL 新闻频道总监吉姆·斯潘塞创立了 Newsy;BBC 全新打造了 Instafax 的短视频新闻服务等,由此可见,国外的短视频新闻市场早已形成,并且经过不断的发展,市场竞争也愈发的激烈,众多传媒大亨也纷纷开始投资,进驻短视频新闻行业。

国内短视频虽然发展相对较晚,但发展速度强劲。根据《2017年短视频行业研究报告》显示,2017中国短视频移动客户端在线用户达到了5亿多人,播放量以平均每月10%的速度爆炸式增长。并且,在引领时代的年轻人当中所覆盖的范围越来越广,凸显的作用也越来越强,国内短视频呈现出高速发展的态势。

三、短视频实践经验

(一)高度适配移动端,迎合碎片化体验

国内外媒体在短视频领域的实践,具有三种共性:

第一,角度独特。即打破传统新闻报道的"大而全",选择一个独特的视角切入,并进行深度挖掘。

第二,开门见山。放弃渲染气氛的空镜头,直奔主题。

第三,短小精悍。以"梨视频"为例,视频多在1~2分钟之间,极大地满足了用户碎片化时间的观看需求,并且随着用户内容获取的移动化趋势,也更适合用户任意内容接收场景。

(二)"PGC+UGC"内容生产,引进媒体合作伙伴

当下,资讯类短视频的生产模式共有两大类,即 PGC 与 UGC,前者叫作专业生产内容模式,而后者又叫作用户生产内容模式。而就资讯类短视频的发展趋势来看,未来这两种模式界限将会越来越模糊,甚至合二为一。

(三) 挖掘内容深度

现阶段,新闻短视频仅仅是一种信息传播的渠道,用户前期在传播渠道的影响仅仅是兴趣使然。随着新闻短视频内容质量重要性的不断凸显,用户将更加关注高质量的新闻内容,关注符合时代发展的传播手段。届时,无论该新闻信息是视频、图像还是其他形式,都不再是用户首要关注的问题。因此,新闻短视频不但需要加快内容的更新与迭代,还需要追求内容的深度与广度。

(四) 推动模式创新

可见,对于新闻短视频来说,能否取胜的关键不仅在于高质量的内容,还需探索更加新颖有效的传播模式。特别是在"内容为王"与"体验经济"的时代下,新闻短视频要想取胜,就必须要加强与用户之间的互动效果,不断创新视频生产模式与传播方式,不断向用户提供更好的观看体验,满足不同类型、不同喜好与不同性格的用户对于新闻短视频的需求。

(五) 加强内部优化

新闻短视频是迎合受众高效碎片化阅读习惯的产物,在整体服务中应更注重用户感受。一方面,要在功能上体现社交属性,让更多的用户参与进来,如转发分享、社区生态圈打造等。或者,通过人工智能技术和算法开发出更加智能、"傻瓜"式的一键剪辑技术,让更多毫无新闻素养的大众用户也能够做出专业水准的新闻短视频;另一方面,新闻短视频在平台打造过程中要明确自己的功能和定位,体现协调和统一,让用户有更好的观感和体验。在这方面,目前我国不少短视频还需要深耕。无论是界面的设计、视频的深度,还是标题的制作,有时不乏夹带哗众取宠、博人眼球的元素。

第六节　VR技术在视频新闻制作中的运用

近年来,每逢重要会议如全国两会、党代会的召开,除了传统的录音笔、摄像机等设备,在场的记者还使用了全景相机、自拍杆智能手机、头戴式便携摄像机等,这表示以移动化、智能化为特征的移动互联网、大数据与云计算等新技术力量,已经渗透到视频新闻制作的核心环节,视频新闻制作面临着重新定义的可能,包括虚拟现实技术(VR)带来的新闻体验的再定义。VR技术的应用拓展了视频新闻制作的形式,也让受众在接收信息的同时,增强了参与感和认同感。

一、VR技术出现于视频新闻制作中的基础条件

(一)VR技术在新闻制作中的应用

新闻媒介的变革方向在于新的传播技术。VR的出现,让传统的视频新闻制作有了新的制作工具和传播手段。

《纽约时报》作为新闻行业试水VR的先驱,2015年发布了VR新闻客户端"NYT VR",在得到受众热烈的反响后,2016年11月又推出了每日更新的VR视频新闻项目"每日360"。2016年全国两会上,《人民日报》、新浪新闻、网易新闻等利用VR技术,推出VR全景式特别报道。2016年的两会视频新闻通过VR技术360度还原新闻现场,满足了受众对于两会现场的好奇感,从而达到一定的传播效果。2016年的里约奥运会开幕式上,澎湃新闻推出360度全景新闻《带你换一个不同的角度看里约奥运会开幕式》,受众通过点击鼠标上下左右的移动屏幕,可以顺畅地捕捉到奥运场馆的整体信息。场馆内部观众席上人山人海的视角瞬间逼近,受众仿佛身处里约奥运会的场馆内,坐在观众席上将奥运会场馆一览无余。

(二)受众对新闻的参与感需求

在新媒体语境下,受众更加强调参与感与自主性,不再是之前被动接受媒体提供信息的主体。因此,视频新闻制作的质量需进一步提高,不仅是选取有价值的新闻内容,在传播的方式上也要有表现力。VR视频新闻最大的特征在于其"沉浸性",这种传播方式,将新闻内容的可视性大大提高,内容的趣味性也吸引更多的受众来体验虚拟系统的视频新闻,受众除了产生逼真的感觉,还可以审视这个环境中的各种对象。受众通过VR进入到自己从未去过的地方,了解到更为丰富的新闻内容。受众需求推动了VR在视频新闻制作中的应用。

二、VR技术给视频新闻制作带来的影响

(一)丰富了视频新闻制作的形式

2016年1月,路透研究与牛津大学发布了一项研究报告,指出媒体将注意力集中于三种视频新闻制作形式:360度全景视频、直播视频以及"在场式"。

在这三种VR视频新闻制作中,成本最低的是360度全景视频。360度全景摄像机是全景视频的核心。通过360度全景摄像机与其他摄像机拍摄新闻事件的现场,经过后期的编辑处理发布到网络上,这便是360度全景视频的制作流程。这一流程相较其他两个更为简单,而且这种视频制作形式的受众基数广。受众通过VR设备,可以观看新闻现场全景,得到比较真实全面的体验,遇到想要细看的位置,点击屏幕便可放大,细节之处一清二楚。

直播视频的时效性较强,一般大型的新闻事件或者活动使用该形式,可以迅速吸引受众的关注,发挥议题设置效应。直播视频是基于360度全景视频制作而成的。

"在场式"新闻制作也是如此,但不同的是,"在场式"视频新闻制作中加入了

体感和追踪设备,让受众可以得到更多的运动自由和交互自由的体验。目前的"在场式"视频新闻,趣味性大大加强,让越来越多的受众爱上 VR 新闻。"在场式"视频新闻带来的冲击力和震撼性更强,降低了信息对受众的干扰度和受众的防备心理。"在场式"新闻让受众感受新闻事件时,想法和活动都是由大脑支配、自由判断,所以认同感和接受度比传统新闻要好很多。美国《得梅因纪事报》的 VR 新闻《收获的变化》,融入了多种元素,比如交互功能的地图、信息数据表等,为了让受众不遗失重要信息,还设置了游戏任务,让受众在游戏中接收信息。

(二)以内容为王,与用户深度互动

尽管视频新闻制作的方式和理念因为传播技术的发展而改变,但是内容才是新闻的核心。通过 VR 设备,受众仿佛亲临现场,目击新闻事件发生的始末。在参与过程中,没有外界干扰,受众可以获得专属的自我认知,理解新闻事实。传统新闻提供的新闻事实有时片面,受众对新闻有一定的防备心理。VR 新闻通过场景的重现、实时直播等,将新闻的客观性、真实性、时效性一一呈现。

VR 技术还能提升新闻制作的广度和深度,媒体通过追踪社会热点,利用 VR 技术重造虚拟场景,加强受众的认知深度和交互能力。

三、VR 技术应用于视频新闻制作中的特点

沉浸式与构想性是 VR 技术应用于视频新闻制作的基本特征。VR 技术通过高度还原新闻现场,带领受众体验新闻现场,增强了受众参与感与认同感。VR 技术还可以根据新闻的要求、受众的需求,不断改变场景,一定程度上降低了新闻制作的难度。

(一)VR 视频新闻制作的优点

1. 场景重现,"还原"新闻现场

VR 技术使得视频新闻制作的维度发生了变化,从二维转换为三维。受众通过

VR,获得亲身体验新闻现场的角度。

2. 第一人称视角,受众如临其境

南加州大学安纳伯格传播学院的诺妮在 2010 年提出,VR 新闻是一种以第一人称体验的视频新闻制作形式,它让受众获得了新闻事件中描述的情形。VR 新闻让受众不仅仅是新闻事件的"观望者",也是新闻现场的"目击者"和"参与者"。在传统的新闻报道中,受众通过自己的理解想象一个模糊的整体,现在通过 VR,受众可以"进入"到新闻现场,全方位地体验新闻事件发生发展的过程,弥补了传统新闻现场感不足的缺陷。

3. 全景扫描,弥补叙事缺漏

在传统的视频新闻制作的过程中,记者和编辑是主观地选择新闻内容。重大灾难性事件发生时,记者很难第一时间到达新闻现场,新闻素材难免疏漏,新闻细节难免欠缺,较难把握新闻的全局。

(二)VR 视频新闻制作的缺点

1. 适合的新闻题材有限

由于目前的 VR 技术尚未完全成熟,所以并不是所有的新闻题材都适合用 VR 技术来制作。通常一些重要的代表性事件或者灾难性事件的报道,适合用 VR 技术来呈现,而一些统计类新闻,如经济新闻、数据新闻,VR 技术并不能很好地诠释新闻内容。

2. VR 技术的局限

VR 视频新闻制作优点突出,但它的使用费用十分高昂,例如大型解释性 VR 新闻《丰收的变化》,拍摄周期长达 3 个多月,制作费用高达 5 万美元;BBC 的大型恐龙教学片拍摄时长达 4 万个小时;财新网的 VR 纪录片《山村幼儿园》费用高达上百万元。因为高昂的生产成本,一些媒体望而却步。

对目前的 VR 技术来说，用户体验感官不适是一个致命问题。现在的 VR 设备，相较于手机等轻便的便携式设备，稍显笨重。《中国 VR 用户行为调查》显示，22.9%的用户在使用 VR 设备的过程中会产生眩晕等不适感，影响使用体验；大约 33%的用户觉得 VR 设备太重而影响体验；剩余的用户则是在玩游戏的时候使用 VR 设备，眩晕的感觉会比其他活动更加明显。用户在观看 VR 全景视频时，需要在某些特定的时候跟随画面摇晃身体，不适感更加强烈。

3. VR 新闻营造的拟态环境与新闻的真实性有所背离

在 VR 新闻制作中，记者和编辑整理和筛选碎片化的信息，在重新拼凑整合的时候包含自己的合理润色，这样的 VR 新闻营造的是拟态环境，而非真实环境。

在 VR 新闻中，受众体验新闻事件是从第一人称角度出发的，沉浸在 VR 新闻所营造的拟态环境中，当他们习惯了拟态环境之后，会对此产生刻板印象，在之后的新闻接受的过程中，会不假思索地全盘接受。在视频新闻制作中，VR 技术若使用不当，可能会加剧社会和人的异化。

四、对 VR 新闻的思考

（一）以增强受众体验为核心

在 VR 视频新闻制作的过程中，应以受众体验为核心，增强受众对新闻事件的主观能动性和参与感。例如在网易 VR 新闻《核辐射的回声》中，通过 VR 技术，受众可以与游戏中的角色 AI 以你问我答的方式展开新闻事件，从而获得不同的新闻制作的角度以及事件的结局，一定程度上改变了单向传播的新闻理念。

（二）从非交互性变为交互性

VR 在视频新闻制作中主要是用于 360 度全景图片或者视频，应突破这种简单的非交互性体验。VR 技术虽然扩展了空间的维度，但受众仍然是被动地接收信息,虽然内容丰富了,但是受众只是得到体验,没有相互交流。全景式的新鲜视角给观众带来的新鲜感和趣味性会逐渐消失,用户更看重的是交互性体验,可以在虚拟的环境里进行实时交互,既能主动接收信息,也能得到最佳的仿真体验,这将是VR 视频新闻制作中的一个突破点。

(三)内容依然为王

VR 技术用于视频新闻制作是顺应了技术的发展,也为新媒体时代的传播开辟了一条创新之路。

但是不能因为有了技术的支持便对新闻质量有所松懈,更应注重内容质量以及价值导向。在视频新闻制作中,既要看到新的技术在新闻制作上的优点,更要坚持新闻真实的原则。

第十四章　新媒体报道内容整合

新闻信息资源,是新闻资源最核心的组成部分。新媒体新闻信息资源具有不同于传统媒体的特性,其开发途径主要体现在编辑层面的四个层次上:粘贴新闻,加工新闻,组织新闻,解读新闻。其中,组织新闻和解读新闻涉及编辑人员开发利用新闻信息资源的一种较高的能力和素质——整合。通过信息的选择、排列次序和结构形式的组合达到信息增值的目的,这就是信息整合。

在当今的互联网上,海量的新闻信息期待着网友的点击浏览。而各个网站间的新闻相互转载,使得相同的新闻信息在多家网站重复出现。一条重要新闻,往往是中央级重点新闻网站、全国门户网站、地方重点新闻网站、地方门户网站都刊发、转载。网友只需点开一家网站的网页,即可了解其中的新闻信息。在这种情况下,网络编辑尤其是地方新闻网站的网络编辑,如果仅仅是通过简单的复制、粘贴或者自动抓取编发"同题新闻",将很难吸引网友点击浏览。因为你的"重复"劳动'不大可能换来网友的"重复"点击。那么,网络编辑如何吸引网友点击浏览自己传播的新闻,避免网友看了其他网站的新闻后不再点击自己编发的网页呢?进行新闻的整合是一条有效的捷径。

第一节　新媒体新闻整合特征和类型

一、新媒体新闻整合的概念

"新闻整合"亦有"内容整合""新闻信息资源的整合"等说法,不少专家学者都给出了自己的观点,表述内容大体一致。董天策在其主编的《网络新闻传播学》中将新闻资源整合表述为"通过分析媒体、组织及个人提供的新闻资源,运用筛选、集成、配置和深度加工等编辑手法,编辑出符合网络特点的新闻,进而增加其新闻价值,达到1+1大于2的整合效果"。

整合新闻,从内容上看,即将新闻的各类要素以及相关同类新闻聚合在一起的新闻形式,一般采取链接新闻的形式;从表现形式上看,即综合包括文字、图片、超链接、视频、音频等多种媒介形式于一体的新闻形态。

整合是手段,增值是目的;整合是途径,增值是效果。整合不能等同于粘贴和简单的文字编辑。改改标题,对段落章节删删减减,不能称为整合,整合不仅仅是推陈,更重要的是要通过整合产生出新形式、新内容、新观点,以带来新闻信息资源的增值。

二、新媒体新闻整合的特征

1. 话题性

信息过剩的时代,网民对网络信息的需求更为立体。新浪网的新闻中心设置了热点新闻评论频道,网络编辑通过筛选,把网民热议的新闻焦点及生活热点事件的解读汇聚于此。由新闻内容本身衍生出更多的话题点,也充分彰显了网络新闻零门槛、高参与性的特点。通过整合,每条新闻都具有了更强的话题性。

内容整合的方式主要有单篇稿件整合、多篇稿件整合和专题整合。整合是否得当,最关键的是对内容的配置。单篇稿件可以另设导语,改变新闻的内涵;或者调整结构,增设小标题;还可以链接相关背景、相关新闻等。多篇稿件的整合除了新闻业务本身的要求,对网络编辑的集纳能力提出了更高的要求,既要博采众长,又要适度原创,并最终形成新的稿件。难度最大的是就所选话题进行专题整合,这时多媒体表现形式和技术手段的运用显得更为重要。无论哪种整合,都体现了对新闻内容的延伸。

2. 多媒体

如果说对内容的整合可以拓展网络新闻的内涵,多媒体的信息呈现形态整合则能提升网络新闻表现力。网络新闻的整合最大的优势就是借助日新月异的互联网技术,综合运用绘画、图表、照片、音频、视频、动画等表现形式,丰富网络新闻所在的网页"语言",多侧面、多角度表现网络新闻主题,增强新闻的可读性。例如,网络新闻中的网络图片新闻,易读、简洁、即时追踪、不受发布数量的限制、质量限制。编辑或选用单幅形象突出、构图完整、视觉冲击力强的图片就能反映一则新闻信息的要义;选择不同信息、不同角度的图片构成的组图则能多角度地表现统一新闻主题。此外,新媒体还经常运用视频、动画、图表等表现形式,多种阐述方式并用,新闻更人性化。

3. 互动性

除了对新闻内容进行整合和表现形式的丰富,门户网站还会以发表评论、互动直播、投票评选、网友票选等方式,吸引受众参与新闻事件的传播。它融合了大众传播和人际传播的信息传播特点,实现了传播方式的多样化和受众传播地位的改变。而这也成了网络编辑集思广益的天然平台。从中发现网友感兴趣的话题,并找到适合的切入点,作为新的新闻话题点,编辑、加工后再回到受众中去,形成有效的信息循环。

随着网络传播技术的发展,网络新闻的内容和形态还会不断地推陈出新。

三、网络新闻整合的类型

网络新闻的整合,因为划分的角度不同,分类的方式多种多样。按照整合内容可以分为报道类整合和观点类整合。

(一)从报道类整合内容的关联性角度划分,可以分为横向整合、纵向整合、多维整合

1. 横向整合

横向整合是指将内容具有相关性、共同点的一组新闻通过某一特定的关系点连接起来,整合成一个新的新闻作品。这些新闻单就新闻事件而言,都是相互独立的。但彼此之间又存在着一定的共同点、联系点,只要在整合后的新闻中加以突出强调,网友即可充分领会。

2. 纵向整合

纵向整合是指将同一新闻事件的不同媒体、不同角度的多篇报道稿件,按照某一特定的形式整合成一个新的新闻作品。这种形式通常表现为在普通新闻内容页中添加相关报道,比如,新闻事件的先前报道、后续报道、背景新闻等内容。

如果是重大新闻或者热点事件,网络编辑则通常以新闻专题的形式进行整合。通过链接方式将同类的新闻信息直接进行专题的整合排列,适合受众直接浏览。

3. 多维整合

多维整合是指在一篇整合作品中,既包含横向整合的内容,也包含纵向整合的内容。两者互相补充、互相促进,使新闻内容更丰满、可读性更强。在这样的整合中,新闻内容横向的扩展与纵向的延伸有机地结合在一起,网友既能开阔新闻视野,又能全面了解具体的新闻事件。

多维整合里还包括"合散为一"。即收集各方新闻信息以及背景,将这些组合起来得到一篇新的长篇报道或者专题报道。

(二)观点类整合

观点类整合不再是简单地组合新闻和报道,而是根据各方媒体的报道、历史背景和调查结果等信息,提炼出自己的观点。将新闻报道作为采编素材,这打破了传

统的新闻采写形式,是一种新型的新闻生产方式。

这则新闻的生产方式是现在大部分媒体采用的主要采编方式,关注并搜集新媒体网络上的新闻点,并针对有价值的新闻点去追踪调查核实,最后整理报道。这样的新闻生产方式拓展了记者的"线人"数量,网络上处处是"线人","处处是线索"。

新闻整合不是像"1+1=2"那样各方新闻信息的简单组合相加,而是需要创意、需要策划的。新闻整合编辑需要根据自身媒介产品的定位以及受众分析,在大批量的信息之中筛选出有价值的新闻点和信息,并真实准确地将它们以另一种方式整合再现。暂且不论风格和创意,在新闻整合过程之中,最核心也是最难以把控的就是新闻信息本身的真实性。

第二节 新媒体编辑的新闻整合技巧

做好网络新闻整合,要求编辑对新闻信息有敏感的嗅觉,对报道内容有深入的了解,对报道形式有熟练地掌握。编辑要想成为一名优秀的网络新闻整合者,需要在不断的整合实践中积累经验,在不断的积累中尝试新的突破。

一、平时的积累

网络新闻浩如烟海,编辑每天接触的新闻信息成百上千。在众多新闻信息当中,对于当下具有整合价值的新闻,编辑一般容易识别和把握。对于将来可能具有整合价值的信息,编辑需要在当下做足工作,做好积累。否则,一旦需要进行新闻整合,再去突击收集素材,费时费力不说,素材是否全面、是否典型都很难保证。因此,对于将来可能会进行整合加工的那些有趣的、典型的新闻素材,编辑应该分门别类地加以整理,以文档或者表格的形式进行分类并标出关键词,加以存储,以备需要整合时方便查阅调用。当这种整理积累到一定程度,同类的新闻达到一定数量,自然而然地就可以进行相应的整合了。例如:网上经常能看到摄影师拍到的各种动物之间争斗的新闻图片,编辑每看到一篇这样的报道就记录下来,等时间长了,就不难收集到各种各样的动物争斗图片,而且很容易做到互不重复。如果将这些图片整合到一个新闻页面当中,相信会吸引很多网友的眼球。

二、用好搜索引擎

互联网时代,在海量的新闻当中,人们要想获得有关的信息,越来越依赖于搜索引擎。编辑要想获得新闻整合的素材,搜索引擎是一个称职的助手。编辑平时的积累,毕竟是在有限的时间段内、有限领域内收集到的有限内容,有时候未必能满足新闻整合的需要。这就需要编辑利用搜索引擎来完成任务,达到预期的整合效果。

三、努力追求新颖的角度

在新闻整合的过程中,具备了新闻素材,仅仅是拥有了简单的"形"。要让这种"形"活起来,吸引网友的目光,需要一个点睛之笔。也就是通过一个新颖的角度将各个新闻素材巧妙地串起来,使之成为一个有机的整体。有了这个角度,新闻整合也就有了"神",有了灵气。

四、内容多做"加减法"整合

新的形势背景对移动新媒体平台的内容生产整合,提出了新的要求。

移动生产中的内容生产,实际上一直是传统媒体的强项。近年来,传统媒体也逐步意识到利用好传统媒体的内容资源优势结合新媒体平台优势的重要性,全国各大报业集团纷纷提出对生产流程进行再造,提出运用"一次采集,多次生成,多元发布"的"大编辑"模式。

但传统纸媒的新媒体编辑们除了能拿到跟传统媒体一样的基础素材,还得掌握了解平台用户的需求特点,进而对内容进行重新的整合编辑。对不同题材进行关键内容的提炼和简单信息的补充,也就是做好内容的"加减法"。

所谓"减法",就是去除包装见干货。使用减法的整合方式,更易于在新媒体平台上实现广泛传播。

所谓"加法",则要对原材料进行深加工,实现文图视频资源的有机融合,为影响力和传播效果加分。

五、借力技术实现"乘除"效果

技术要为内容服务,党报新媒体除了做好内容,还需借助技术的翅膀,扩大产品的创博力、影响力。"乘法",即插上技术的翅膀,而后获得意想不到的传播效果和影响力。这些技术包括5G技术、流媒体直播、室内室外无人机应用、720度全景拍摄技术等,借力新媒体科技带来的全方位感官体验,提升新闻传播的可视化和效率;不少新媒体还在各种移动平台产品上充分采用了VR、H5技术、3D应用、动漫制作、短视频应用等技术,借助丰富多彩的呈现形式,增强新闻阅读的科技感、趣味性和冲击力,实现传播效果成倍数增长的"乘法"效果。

"除法",则指在一个宏大的事件主题中,提取出最精华的一两处亮点要素,并使之实现最快速、广泛的传播,进而帮助这一宏大主题实现新媒体平台上的无限传播。

参考文献

[1] 赵慧英.从"小编"自称看新媒体编辑的"时"与"位"[J].编辑学刊,2016(3).

[2] 钱霜霜.浅析新媒体视域下的新闻整合传播[J].新闻研究导刊,2018(7).

[3] 彭兰.网络新闻编辑教程[M].武汉:武汉大学出版社,2007.

[4] 侯夷."互联网+"时代编辑的华丽转身:浅谈新媒体编辑的角色定位[J].新媒体研究,2018(6).

[5] 马晓萌.从市场需求论新媒体编辑应具备的基本素养[J].一线,2018(5).

[6] 杨江科杰,熊志华.关于新媒体编辑的创新机制研究[J].新闻传播,2017(12).

[7] 陆高峰.新媒体编辑记者职业资格管理现状及需求调查[J].淮阴师范学院学报(哲学社会科学版),2016,38(3).

[8] 刘韧,韩磊.网络媒体教程[M].北京:中国广播电视出版社,2005.

[9] 丁未."新闻策划"现象析[J].新闻界,1996(6).